电商创意文案
策划、写作与营销
商品推广+详情页+活动促销方案

苗小刚 著

化学工业出版社
·北京·

内容简介

现如今，电商十分注重内容运营，这也使得营销策略不得不从过去的"硬推广"向以内容为主的"软推广"转变。与此同时，文案在电商销售中的地位越来越重要，各大电商平台店铺中，文案无处不在。在这个背景下，谁的文案有创意，就意味着谁将是赢家。

本书是淘宝电商、微商提升效率与业绩的实用参考书。本书围绕电商的两大主要文案——商品详情页文案和外部推广文案进行详细的阐述，分别从标题、正文、结尾以及创意技巧等方面进行全面、深入的分析。全书结合作者实践、名企案例，总结了切实有效的方法，实操性强；另外，在语言上力求通俗易懂，为增强可读性，特意配置了图、表，图文并茂，特别适合一线文案策划人员、撰写人员、电商运营和营销人员等阅读。

图书在版编目（CIP）数据

电商创意文案策划、写作与营销：商品推广+详情页+活动促销方案/苗小刚著．—北京：化学工业出版社，2021.2（2024.8重印）

ISBN 978-7-122-38162-0

Ⅰ.①电… Ⅱ.①苗… Ⅲ.①电子商务-写作②网络营销-营销策划 Ⅳ.①F713.36

中国版本图书馆CIP数据核字（2020）第243820号

责任编辑：卢萌萌 　　　　　　　　　文字编辑：王春峰　陈小滔
责任校对：王　静　　　　　　　　　装帧设计：王晓宇

出版发行：化学工业出版社（北京市东城区青年湖南街13号　邮政编码100011）
印　　装：涿州市般润文化传播有限公司
710mm×1000mm　1/16　印张13½　字数224千字
2024年8月北京第1版第3次印刷

购书咨询：010-64518888　　　　　　　　售后服务：010-64518899
网　　址：http://www.cip.com.cn
凡购买本书，如有缺损质量问题，本社销售中心负责调换。

定　价：69.00元　　　　　　　　　　　　　　　　　版权所有　违者必究

前言

无论任何时代,文案人员在商业领域内都是不可或缺的存在,从纸媒时代到网络媒体时代,从传统广告到新媒体广告,从PC端到移动端,尽管文案形式一直在变,但其卖货和引流的核心目的从未改变。

随着电子商务的发展,有一类文案越来越受到关注,那就是电商文案。例如,在淘宝、天猫的线上商圈中,优秀文案不断涌出,有的是专职的文案人员负责创作的,而有的是老板亲自策划的。他们利用优秀文案紧紧抓住了用户的眼球,成功赚取了大量点击、销售、人气,不得不说,文案已经成为商家引流的重要工具。

电商在中国已经发展了二十多年的时间,产品同质化越来越严重,个性化、差异化将成为电商在未来竞争中制胜的法宝。同时也预示着,之前那些引流"黑科技"作用将越来越小,取而代之的是文案,文案在电商差异化竞争中发挥着重要作用。

在这样的背景下,谁的文案有创意,谁就将是赢家。本书分为9个章节,分别围绕电商的两大主要文案——商品详情页文案和外部推广文案进行详细的阐述。第1章从整体上阐释什么是好文案,好文案的衡量标准,以及策划、撰写电商文案的基本要求;第2章介绍了两大电商文案类型,商品详情页文案和外部推广文案;第3~4章介绍了商品详情页文案,详细分析了撰写商品详情页的方法和技巧;第5~8章介绍了外部推广文案,包括直播文案、微信文案、微博文案、电子邮件文案以及论坛文案等,分别对标题的拟定、正文构思及写作、收尾技巧等进行全面、深入的剖析;第9章根据文案的主要类型举例论证,案例均来自主要电商平台的真实文案。

本书本着实用的原则,轻理论,重方法技巧,可谓是干货满满。所有的方法和技巧,一方面来自经典、常用,被反复验证过的成功经验;另外一方面来自笔者多年的实践,真实、接地气、可借鉴,有助于读者一看就懂,一学就会。

另外,本书在语言上力求通俗易懂,为增强可读性,采用图文并茂的形式,特别适合一线文案策划人员、撰写人员阅读。

目录

第1章
好文案是电商最强的引流工具
001

1.1 好文案贵在"创意" / 002

1.2 优秀文案的4个组成部分 / 003

1.3 电商文案创意策划与写作要求 / 004

1.3.1 找差异,实现与大众的差异化 / 005

1.3.2 抓定位,明确圈定阅读群体 / 007

1.3.3 提炼卖点,突出产品优势 / 008

1.3.4 用词精准,表达生动 / 009

1.3.5 语言简明扼要,通俗易懂 / 010

1.3.6 结构完整,给人以一气呵成之感 / 011

1.3.7 好文需要配好图 / 014

1.3.8 形成相对固定的模板 / 016

第2章
不可不知的两大电商文案类型
019

2.1 电商文案的两个主要类型 / 020

2.2 商品详情页文案 / 020

2.3 外部推广文案 / 021

2.3.1 直播文案 / 022

2.3.2 微信文案 / 024

2.3.3　微博文案　/ 028
2.3.4　电子邮件文案　/ 031
2.3.5　论坛文案　/ 034

第3章
商品详情页文案的策划重点与技巧

037

3.1　商品详情页概述　/ 038

3.1.1　商品详情页的作用　/ 038

3.1.2　商品详情页的撰写原则　/ 042

3.2　商品信息和标题是详情页的核心　/ 043

3.2.1　详情页的商品信息展示　/ 044

3.2.2　商品标题的作用　/ 046

3.2.3　商品标题的拟写原则　/ 047

3.2.4　商品标题的模板　/ 049

3.2.5　标题拟写常遇到的问题　/ 051

第4章
商品详情页文案的写作与编排技巧

054

4.1　撰写商品详情页文案的3个出发点　/ 055

4.2　商品详情页文案的写作技巧　/ 056

4.3　商品详情页的编排　/ 060

4.3.1　图与文的巧妙搭配　/ 060

4.3.2　页面结构的排列　/ 063

4.3.3　页面版式的组合　/ 065

4.3.4　页面色彩的调配　/ 069

4.3.5　页面文字风格的选择　/ 073

4.3.6　分割技巧的准确运用　/ 077

4.3.7　移动端H5详情页制作要点　/ 082

第5章
086 电商外部推广文案标题的拟定方法

5.1 标题的类型 / 087

5.1.1 爆炸式标题 / 087

5.1.2 话题性标题 / 088

5.1.3 故事式标题 / 089

5.1.4 提问式标题 / 090

5.1.5 悬念式标题 / 092

5.2 给标题贴上个性"标签" / 094

5.2.1 突出品牌精神和文化理念 / 094

5.2.2 精准植入带有大流量的关键词 / 095

5.2.3 对关键词进行有机组合 / 098

5.2.4 善用"第一人称" / 101

5.2.5 巧妙利用数字 / 103

5.2.6 善于设置悬念 / 104

5.2.7 对旧元素重新组合 / 106

第6章
108 电商外部推广文案正文的构思技巧

6.1 两种最简单的开头写法 / 109

6.1.1 间接法：抛砖引玉，点到为止 / 109

6.1.2 直接法：开门见山，直奔主题 / 113

6.2 撰写文案应遵循的3原则 / 115

6.2.1 明确目标受众 / 115

6.2.2 狠抓痛点需求 / 117

6.2.3 引发情感共鸣 / 119

6.3 文案素材的搜集 /122

6.3.1 用好搜索引擎工具 /123

6.3.2 展开调研，搜集数据 /125

6.3.3 多阅读新闻或深度文章 /126

6.4 文案主题的确立 /128

6.4.1 电商文案的4种主题 /128

6.4.2 选择写作视角，更好凸显主题 /132

第7章
电商外部推广文案正文的写作技巧

7.1 讲一个好故事，写带有故事性的文案 /138

7.1.1 故事在文案中的作用 /138

7.1.2 文案中故事的特点 /140

7.2 制造一点唯美的意境，让文案不再枯燥 /141

7.2.1 唯美的文案能缓解压力 /141

7.2.2 如何写出唯美的文案 /143

7.3 巧妙借势热点话题或事件，顺势而为 /145

7.3.1 抓住热点文案更容易获关注 /145

7.3.2 文案与热点事件结合的方法 /146

7.4 产品描述"理性+感性"，让文案更有说服力 /149

7.4.1 理性说服 /149

7.4.2 感性说服 /151

7.5 营造文案场景，描绘的场景决定文案的价值 /154

7.5.1 描绘场景，抓住消费者眼球 /154

7.5.2 如何写出具有代入感的文案 /156

7.6 深耕一个主题，设置一个情节 /158

7.6.1 深耕细分领域，挖掘主题 /158

7.6.2　围绕主线精心设定情节　/162

7.6.3　将抽象概念与具体事物结合　/164

7.7　文案正文的写作与营销技巧　/166

7.7.1　植入产品信息　/166

7.7.2　说真话，讲真事　/168

7.7.3　多使用证据辅助说明　/170

7.7.4　时刻体现目标用户的利益　/170

7.7.5　多注入些情感元素　/172

7.7.6　善于制造新需求　/173

7.7.7　加入有争议的事件，引发讨论　/175

7.7.8　注入社交元素，触发分享　/176

第8章
178　电商外部推广文案结尾的写作技巧

8.1　首尾呼应式结尾　/179

8.2　总结式结尾　/180

8.3　悬念式结尾　/183

8.4　号召式结尾　/185

8.5　成交式结尾　/187

第9章
189　电商创意文案经典案例分析

9.1　商品详情页文案：手机淘宝上某服装店铺文案分析　/190

9.2　微信文案：公众号上的小米手机文案分析　/194

9.3　微博文案：淘宝小宜定制文案分析　/196

9.4　论坛文案：淘宝上某水果店铺文案分析　/200

第1章

好文案是电商最强的引流工具

文案是电商最强的引流工具,这是因为网店给消费者传递信息的途径,较之实体店有了很大变化。实体店以往主要靠导购沟通和引导,而网店主要靠优美的图片、贴心的文字、音频等,网店的这种方式不但可以促使消费者有效地了解产品,还可以在体验和感受上给消费者更强大的感观冲击力。

1.1 好文案贵在"创意"

文案，是以文字来表现企业已经制定的产品营销、推广和销售创意的手段。文案是通过文字创意与产品的完美结合，让用户在阅读中深入了解企业产品和信息，从而产生购买欲望的一个过程。短至一句口号、广告语，长至一封邮件、一篇文章都可称为文案。

文案的力量非同一般，它虽然不是正面叫卖，却可以潜移默化地促进产品销售，不知不觉地提升产品销量。

互联网、移动互联网时代，线上消费已经远超线下，电商盛行。那么，是什么让消费者不再愿意前往线下消费，转而迷恋线上呢？最关键的手段之一就是文案。与实体店不同，电商平台是个虚拟的空间，所有产品都是虚拟展示，消费者既无法触摸更无法亲身体验，只能靠平台上的文字、图片、音频等构成的文案去了解产品。这些文案可以最大限度地让消费者了解产品，并产生购买欲望。

因此，对于电商而言，文案是最可靠的卖货或引流工具。纵观电商平台，各式各样的文案已经无时不在，无处不在。例如，某品牌葡萄酒介绍酒瓶瓶盖时的文案如图1-1所示，某品牌茶文化文案如图1-2所示。

图1-1 电商卖货文案

在互联网、移动互联网异常发达的电子商务时代，产品营销"阵地"已经由线下全面向线上转移。与此同时，宣传、推广方式也在悄然发生着变化，即广告不再直接着眼于产品本身，而是借助文字、图片、音频间接进行，让买家在阅读文字、看视频的过程中潜移默化地接受产品，进而产生购买兴趣。

其实，这也是常说的软文，软文作为产品推广与营销的一种重要方式，使文案的价值越来越大。而且软文的成本低、风险低，很多时候只要

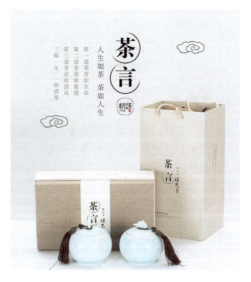

图1-2　电商引流文案

策划得好，一句话就可以上各大热搜、头条，促使产品获得病毒式传播。因此，对于电商而言，很重要的一个工作就是用心做文案，文案在整个推广营销过程中会发挥极其重要的作用，尤其是在店铺吸粉、引流上不可忽视。

文案，其媒介是文字、图片等，其核心贵在创意。所以，一名好的文案人员必须跳出概念、定义的条条框框，有自己创新之处。

1.2　优秀文案的4个组成部分

文案是用文字、图片、音频等来对产品进行间接推广和营销的一种特殊形式，相对于那些硬广告有很多优势。最大优势就在于，文案可将内容与产品完美结合，既可使产品信息更加凸显，也可规避硬广告带来的负面效应，让买家在阅读中逐步了解商家、了解产品。

由此可见，好的文案要做好的内容，只有提高内容质量，才能让用户有兴趣读下去。想要快速写出一篇优秀的文案，是有规律可循的。一般来讲，一篇优秀的文案至少需要包括4个部分，分别为"说什么""对谁说""如何说""何地说"，具体含义如图1-3所示。

> **说什么**
>
> 通俗来说就是文案的内容,这一点理解起来很简单,就是将所要表达的内容完整、准确地展示出来。

> **对谁说**
>
> 文案的作用就是将商家、产品信息传达给消费者。因此,在文案撰写前,策划者需要明确目标群体,即写给什么人看,这点非常重要,是文案得到关注和扩散的基础。

> **如何说**
>
> 即通过什么方式去表达。文案有很多种表达方式,策划人员需要结合目标群体、产品类型,以及自身优势选择最适合的方式,让文案内容能最大限度展现产品,符合目标群体需求。

> **何地说**
>
> 即在什么样的载体上投放。电商文案常常出现在网店及微信、微博、论坛等自媒体平台上,这些平台其实就是一个个信息载体。由于平台的定位不同,平台上的受众群体也不同,因而不能千篇一律地投放,而是根据平台特点、特色有针对性地进行选择。只有选择合适的载体,文案的宣传效果才能达到最佳。

图1-3 优秀文案的4个组成部分

以上4个部分是文案的主要组成部分,也是衡量文案优秀与否的主要标准。总之,这4大部分是一个好文案必须具备的,否则就很可能无法达到促销的目的。

1.3 电商文案创意策划与写作要求

文案策划与写作已经成为一个非常成熟的职业,很多人都在做文案。然而,为什么有的文案备受追捧,而有的文案却无人问津呢?关键在于创意。会策划、会写文案的人很多,但能将文案写得有特色、有创意的不多。如果无法做到有创意,写出来的文案很有可能就是鸡肋。

1.3.1 找差异,实现与大众的差异化

经典的、优秀的文案必定是与众不同、独具一格的,而写出这种文案的关键就是实现差异化。差异化是文案策划与写作应坚守的首要原则,一个文案要想打动消费者,首先必须有区别于同类文案的核心点,避免出现随大流、盲目模仿的情况。

当所有人都在围绕某一个或几个常规话题策划和写作时,很难写出经典的、令人惊叹的文案。这个时候,如果文案人员仍在这几个点上琢磨,即使绞尽脑汁也不会太出众。其实,在遇到这种情况时,不妨换个角度来写,寻找不同的东西,从差异化入手。

所谓的差异化,就是要通过文案表达出产品的差异点,这就要求写作者独辟蹊径,写大众很少,甚至没有关注的点,与竞品所提出的观点、渲染的功能实现差异化。比如,某款手机的文案在各大电商平台都是围绕卖4298元,这个时候有一平台说,如果在本平台购买同时免费赠送1年的碎屏险,这就突出了该平台文案与其他平台间的差异,这也会成为消费者在该平台购买的理由。

再比如,策划一个与牙膏有关的文案,大家首先想到的是围绕清洁牙齿这一功能来写,但这是一个非常普通的点,明显没有足够的吸引力。可以说,只要是写清洁的,无论怎么写都很难脱颖而出。因为早已经有很多清洁类的经典文案出现,这些已成为行业的标杆,后来者很难超越。如果换个角度来思考,避开清洁这一功能,转而写牙膏可以辅助缓解某些牙龈问题(须通过国家标准、行业标准的功效评价),那么,就很容易引起关注,至少可以获得有牙龈问题的这部分人的关注。

当然,这里所说的差异化,不是哗众取宠,更不能颠倒是非。文案中提到的具有差异性的产品宣传点,应实事求是。

文案人员要寻找差异点,然后围绕这个差异点进行合理凸显,就很容易写出富有创意的文案。

案例1

丹尼尔·惠灵顿(DANIEL WELLINGTON),简称DW,是来自瑞典的手表品牌。该品牌的某款手表曾成为各大电商平台上最畅销的商品之一,轻薄的表身、富有创意的表盘设计让众多时尚达人爱不

释手，如图1-4所示，再加上表带、表盘可以进行百搭，一度受到众多年轻粉丝的青睐。

图1-4　DW富有创意的表盘设计

事实上，DW之所以备受青睐，不仅因其具有很多流行、时尚元素，更是因为其文案在策划撰写方面追求与众不同、独特新颖。

纵观很多手表的文案，几乎都在向用户呈现精准度、质量、做工等，其实，这些都很难满足用户需求，因为这些都是一个高质量手表所必备的。DW没有落入"俗套"，积极寻找差异化，从另一个从未出现过的视角诠释了自己的独特之处。

这个独特之处就是"爱情"，DW在文案策划中重点凸显了人的情感因素：爱情。比如将DW渲染成"表白神器"，将爱情与时间充分联系在一起，提出"真爱，分享美好时光""长长久久，直到永远"等。这些充满情意的句子，犹如温暖的阳光让人心生遐想，凸显出DW表一种独特的情怀，提高了DW在时尚圈的地位，而这也迎合了DW表的目标受众——城市中的年轻一族。

DW用"爱"诉说了一切，用"情"代替了生硬直白的介绍，面对这样一款手表，时尚的年轻男女，怎能不感兴趣呢！而DW也在这种氛围中显示出了竞品所没有的竞争优势，吸引了无数粉丝，赢得了一大批忠诚用户。

可见，在文案策划和创作中，策划人员和协作人员必须胆大心细，打破常规，跳出常规思维的束缚，从多角度、多层面寻找差异化。同时，结合目标受众的需求，让差异化需求变为特色需求。

1.3.2　抓定位，明确圈定阅读群体

衡量一个文案是否能吸引消费者的注意力，非常关键的一个标准就是目标群体定位是否明确，即要明确文案是针对谁而写的，应满足对方什么需求。

任何产品都是有受众目标的，要明确主要买家是哪个群体，比如，玩具主要卖给儿童，保健品主要卖给老人，互联网理财产品则主要面向年轻一族。既然产品有明确的目标受众群体，那么产品的文案也必须明确消费者群体。

在策划与撰写一篇文案前，首先要了解消费者群体，这是很关键的一步。否则目标用户看了半天，也没有看出这个文案的内容和主题，那么对方也就没有兴趣继续去阅读下文了。因此，文案必须要明确给谁看，确定目标群体，针对目标群体撰写。

对于电商而言，不同类型的平台定位的目标消费人群不同；即使是同一个平台，在大促（大促销）期和非大促期的文案定位类型也会不同。

案例2

蘑菇街的定位是专注于女性消费者的买手街，而它的详情页页面也大都是以女性口吻叙述、突出女性相关痛点需求的文案，如图1-5所示。而天猫、京东这类综合性电商平台的首页一般不会出现单独针对某一类人群的文案。类似的平台，其首页文案大多数以单品卖点为突破，如图1-6所示。

图1-5　蘑菇街详情页文案

图1-6 天猫详情页文案

确定目标阅读群体，最有效的方法就是分析产品，分析消费者需求，并对消费者与需求有关的心理、行为特征进行总结和分析。

1.3.3 提炼卖点，突出产品优势

图1-7 某黄金饰品文案

电商文案是属于最直接的销售型文案，它应该最直观地展示出产品的卖点，继而让消费者产生购买欲望。文案是为产品服务的，最终目的是对产品进行宣传和推广，因此，在策划与写作文案时需要紧紧围绕产品，并对产品优势进行提炼、凸显和强调。

例如，某黄金饰品文案是"投资保值必备 传统但不单调 戴出不一样的味道"，如图1-7所示。

该文案十分精准地提炼出了黄金饰品的卖点，而且将"投资保值"这一最大卖点放在首句。黄金类的产品有很多卖点，但投资保值无疑是最大的卖点，也是消费者最关注的卖点。因为大多数人买一款黄金饰品不仅仅是为了佩

戴，同时还想要保值。该文案就恰到好处地抓住了卖点，凸显和强调了产品价值。

对产品卖点提炼的过程，其实就是归纳、总结产品优势的过程，只有将产品优势最大限度地凸显出来，才能促使消费者对产品有清晰的认识，产生购买之心。很多文案，单纯从策划、写作的角度来看做得非常好，然而却无法打动消费者，原因就在于脱离了产品，或者没有提炼出准确的产品卖点。

从这个角度看，提炼卖点，凸显优势，是文案策划和撰写的核心，必须让消费者在看到文案后知道为什么要选择这个产品，而不去选择竞争对手的产品。

文案应清晰地呈现产品独特卖点，给目标用户选择购买的理由。在这里所说的独特的卖点并非是一些漂亮的广告语，而是产品独一无二的特色之处。卖点是用户最关心的部分，卖点是否符合用户的购买需求，决定了用户能否把产品列入备选之中。所以卖点要放在文章前面。

1.3.4　用词精准，表达生动

做出有创意的文案，光有点子是不够的，还需要通过正确的方式将其表达出来。一个优秀的文案人员会灵活利用文字，在产品与买家之间架起沟通的桥梁，通过这座桥梁使产品走进买家的内心，引起买家的强烈共鸣！

打开一些电商品牌店铺，满眼都是各种各样红红绿绿的促销文字。这些文字往往有两个缺点：第一，用词不准确；第二，语言表达生硬。

在表达方式上比较成功的文案，都十分讲究用词，只用寥寥数语就能迅速吸引消费者。

案例3

某柑橘商想通过文案表达出自己卖的柑橘甜美多汁，想了很多文案，但这些文案无论在形式还是在表达上，都离不开传统的模式。比如，文案用词多使用"甘甜动人""触动味蕾""甜蜜多汁"等。

然而有另一个商家也在做柑橘生意，但是他们的文案却打破常规，推出"这里的柑橘，甜如初恋"的广告语。

很显然，后者将柑橘的甜美拟人化，并且情景化和情感化，给买家带去的不只是味蕾上的感受，更是情感上的触动。因此，后者的柑橘自然在销售方面卖得更好一些。

在这方面,美的空调也做得非常好。当所有空调企业都在文案中绞尽脑汁突出自己的空调使用寿命长、外观时尚、省电时,美的空调却不按常理出牌,根据季节,推出了"总有一种温暖等你回家"的文案。

"回家的路,无论是穿越丛丛山林,还是飞跃广袤蓝天;无论是风霜雨雪,还是晴天旭日;这段路程,都会是温暖的旅行。"

用温暖的回家旅程,来比喻空调化解冬季带来的寒冷,这样的文案获得了不少掌声。

文字修饰是让文案更具活力、更受读者关注的重要方面,好的文采可以为文案加分。

1.3.5 语言简明扼要,通俗易懂

文案是为产品做宣传,其受众是普通大众。想要让人们看得懂,并对产品有所了解,就要在语言上做到简明扼要,通俗易懂。

通俗易懂的语言要比专业术语更有吸引力。语言通俗易懂首先就表现在平民化上,平民化的文案就是要与消费者保持一致。当然,这里主要是指语言风格要平民化,在语言的表达上要平和,更要有生活气息,但切记不可生搬硬套,也不能冗长拖沓。最好的方式就是借助老百姓的语气来说话,当然还要进行恰当的修饰,否则会让语言显得直白无逻辑。

产品内在的东西,可以运用通俗的语言来表达,这样可以让产品介绍不至于显得拗口难懂。此外,想要通俗易懂,文案应尽量避免使用古文,还要避免使用生硬的词汇和冷僻字。而在表达上,文案应该越简单越好,要让目标消费者一看就懂,这样才是文案要达到的目的。

比如:电商平台在主推数码类商品的时候可用"潮酷智能,发烧科技范+满千减百";主推超市商品的时候可用"超市好货,囤就现在+超市满198减100";主推母婴商品的时候可用"母婴大牌,萌力全开+母婴用品满399减100";等等。

用最快的方式、最直接的语言传递一个完整信息,是电商时代下的营销出路。从优秀的文案中,很容易看到产品的定位、创新以及特色服务。

另外,还要善用短句。使用短句的好处是,可以让文字形成层次感,也便

于版面设计师来构思，同时让用户的认知更直接。比如，在描述苹果的时候，不能说"这是一个脆爽可口、红润有光泽、吃一口就停不下来的苹果"，而要变成"苹果的绝杀技？一、脆爽可口，二、红润有光泽，三、吃一口就停不下来"。这样变成几个短句就显得非常有层次感，读者就会按照层次来阅读和分析，如果再配上图，文案马上就会生动起来。

很多人将"通俗"理解为"浅显"，但其实不然，并非所有通俗的东西都是浅显的，产品某些深刻的内涵，也可以通过通俗易懂的语言传递给消费者。

1.3.6 结构完整，给人以一气呵成之感

文章思路是文案写作很重要的一点。在写之前，要先理清自己的思路，弄明白自己要表达什么，侧重点在哪，不要为了文章篇幅，东拼西凑的，让人不知所云。有人感觉有很多话要说，那就要强迫自己，挑一个思路最明确、自己最想说的，然后将脑海中关于该思路的东西集合起来。

文案想要有吸引力，需要有完整的结构，才会给人以一气呵成之感。这就好比在看一部电影或者一本小说时，从一开始导演或作者就已经安排好了伏笔，做好了铺垫，交代出了关键的人物或者情节，随着导火索被点燃，矛盾展开，然后事情一步步发生。这样的逻辑顺序是不能被打乱的，如果打乱了，除非导演和作者有极高的水平，否则难以吸引人们观看或阅读。

因此，文案结构要完整，每一句话之间要有一定的逻辑关系，主次鲜明，重点突出，这样才能吸引人。

那么，电商文案通常有哪几种结构呢？一般来讲有4种。

（1）抑扬式

抑扬式结构是微信文案布局常用的一种手法，这一手法通常包括两大形式：欲扬先抑和欲抑先扬。在具体运用时通常是二选一，选欲扬先抑，还是欲抑先扬，基本上就确定了这篇文案的整体基调。

欲扬先抑是为了更好地突出褒扬，而欲抑先扬则恰恰相反，则是要突出贬义，不过后者运用较少，因为在文案中通常是赞扬一个东西，而不是去贬低。如图1-8所示是欲扬先抑写作结构的示意图。

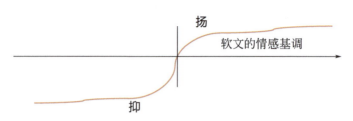

图1-8 欲扬先抑写作结构示意图

（2）穿插式

穿插流动（穿插式）结构是记叙类的文章常用的一种布局方式，这种布局可以使文章的内容更加丰富，超越时空的限制，让观点、思想和情感实现大幅度转换。这种谋划安排篇章结构的手法就是穿插流动式布局的具体体现。

穿插流动的手法，是插叙的一种特殊用法。具体的操作方法为，在叙述过程中，确定以某种事物或者思想、情感为主线后，插入一些与情节相关的内容，对文章做一个有效补充，使内容信息更丰满，更具有可读性。如图1-9所示是穿插流动这一手法在文中的具体体现。

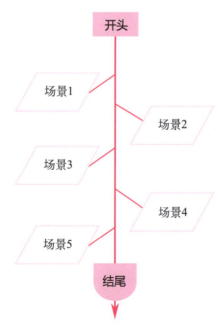

图1-9 穿插流动布局结构示意图

构思穿插流动式布局时,最好先确定文案的主题、营销对象,产品的类型、特性、优势等。然后,再根据选择的素材,采用"片段式情景"穿插串联:先交代物象,引出一个故事,接着评析故事,再穿插另一个故事,引导出文章的主题,最后照应开头。

这种方式要求必须能选择几个生动的、典型的场景,然后将它们有组织地串联起来,共同表现一个主题。

(3)并列式

并列式较为简单,对文章的逻辑关系没有太高的要求,只要将想要表达的各个部分分别叙述,平铺直叙即可。这种布局一般要求文案有多个主题,或者只有一个主题却需要从多个方面进行论证,且各方面不分主次,相对独立。如图1-10所示为并列式布局这一手法在文中的具体体现。

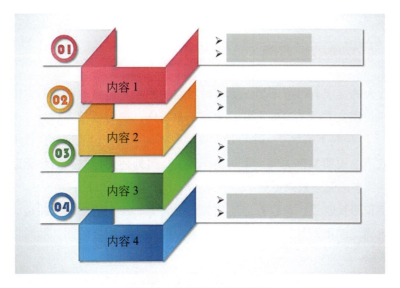

图1-10 并列布局结构示意图

运用这种布局方式,可将各个部分处理得很有条理,将一个问题从不同角度、不同侧面阐述透彻,更有利于读者阅读和理解。

(4)对比式

对比式顾名思义即文章由两部分组成,且两部分分别代表两种截然相反的观点。在构思这样的文章结构时,一定要注意必须有正反两方面,两者能形成鲜明的对比,且经过对比,可突出正确的一方面,从而印证文案的主题。

对比结构通常用在议论文中较多，常规的写法是针对需要论证的内容话题，先从正、反两面分析问题，然后提出解决问题的对策，或者分析两者的关系，最终给出自己的看法。

用示意图来表示这种结构见图1-11所示。

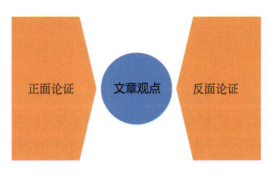

图1-11　对比布局结构示意图

1.3.7　好文需要配好图

再动人的文字有时都不如一张有说服力的图片更能打动消费者，因此，文案适宜采用图文并茂的呈现形式。文案不是写作，它可以被理解为"单页的电子型录"。图片底下可加上一小排说明文字。新闻学研究已经证明，读者对图片与图片底下的说明文字的阅读率远高于内文。另外还请记得要用小标题提纲挈领，这样读者的阅读效果更佳。

文字和图片联手，可以打造效果更佳的文案。在文案中，图片是非常有必要的。正确地使用图片，可以极大增加客户注意力的停留时间，同时提高客户的阅读欲望。

图片对于电商文案十分重要，其作用是多重的。比如，有的文案需要用图片来做点缀，或用图片帮助消费者理解，加深记忆。

> **案例4**
>
> 网红餐厅火烧云在微信公众号中介绍本店的特色菜，菜单罗列了很多，并且写得清清楚楚，关键还配上了相应的图片，如图1-12，这样很容易就激发起食客的食欲。

火烧云的名气真的是凭实力打出来的，**油焖鸡、蒜香鸡爪、菠萝饭**……听说是傣族风味，**都好吃得不行。** 京广桥店可以用手机提前排号，云鼓楼店的话是只能现场取号的。

嫌机票太贵又不在北京的小仙女们先别哭！**火烧云还出了自制的土豆泥**，多少网友沉迷啊！网上激情下单，平时用来和面和吃拌饭，它不香吗？

图1-12　火烧云餐厅微信公众号特色菜文案

再比如，有的文案文字的介绍是有限的，需要由图片进行补充说明，这样图片就成为文案不可缺少的一部分。

案例5

某商家发布了这样一个文案，标题为："停停停，别理我，我就是想看看"。单看这个标题，很多人可能不明白其中的意思，但如果结合图片则一目了然，如图1-13所示。

原来，这是商家在自家T恤上印的内容。"我就是想看看，我什么也不买，我也没带钱，所以不用理我，谢了"，这段文案由于反映出很多消费者的心声，一度在网络上走红，成为网红T恤。从广告角度看，这确实是一句绝好的文案。

图1-13 个性T恤文案

有些文案只有结合图片，观众才能完整地领会其中的意思，从而继续阅读下去。设想一下，只是单纯依靠一段文字，或一张图片，案例5的文案是无法达到预期的效果的，甚至读者可能连文案想要表达的意思也不清楚。

可见，单独依赖文字仅仅是使用了一半的工具，加上图片或者影像才可以创造一个一体的销售概念，这种方式比起只用文字描述更能让读者产生真切的感受。另外，如果文案较长的话，需要配上多幅与文字相关的图片，甚至做影片，或做GIF动态图。

1.3.8　形成相对固定的模板

很多文案人员，接到文案工作不知道如何下手，这时候文案模板就是最好的导师了。套着文案模板去写，一步接一步地走，就算是新手也一样可以把文案写出来，因此文案模板非常重要，尤其对于初学者，拿着文案模板就能够快速上手。

案例6

××果园文案的风格很有特点,基本都是一个模板。其文案是按照频道分类的,每个频道又有统一的模板。比如,生鲜频道中,每一道美食的文字描述都有统一的写作标准,大致可以分为六个板块,分别为时鲜、味鲜、享鲜、源鲜、养鲜、包装,所呈现的内容如表1-1所列。

表1-1 ××果园生鲜频道内容板块

板块	内容
时鲜	呈现的内容是刀工
味鲜	呈现的内容是味道
享鲜	呈现的是如何做出一道好吃的菜
源鲜	呈现的内容是产品来源地
养鲜	呈现的是养育方式
包装	呈现的是包装

这样划分的好处是用户在看产品介绍时,会形成统一的认知,自动按照产品的宣传思路来看。可能有些人在讨论产品特色的时候,每个产品都能罗列出很多内容,但是如何化繁为简,把特点呈现出来,就成了问题。如果把产品特色统一分成几个通用板块,在介绍每个产品的时候,其特色都在这个板块下呈现,这样范围固定了,描述特色就相对容易多了。

可见,娴熟地掌握一套文案模板,对文案人员的构思和写作非常有用,其优点很多,比如,上手快,避免偏离主题等。

(1)上手快

要学好文案也并非一件容易的事情,比如,去听某个老师的文案培训,一套系统的课程学下来,学员肯定是懵的,理论学了一大堆,真正实操起来发现居然无从下手。但是如果有文案模板,从标题模板、开头模板、引人注意模板到结尾模板等,把所有的知识点都归纳成模板,这样初学者在动手实践的时候,就能容易掌握。

（2）避免偏离主题

不管是文案新手，还是有经验的文案人，都会犯的错误就是偏离主题，就像本来在说一只狗的故事，写着写着，发现自己居然写的是一只猫。不过有了文案模板之后，各方面都有条条框框，只要跟着模板上面的走，通常情况下是不会偏离主题的。

第2章

不可不知的两大电商文案类型

　　从发布渠道上看，电商文案可以分为详情页文案和外部推广文案两大类。详情页文案又叫内部文案，用于商家店铺内部，多与产品结合使用，是商家展示、宣传产品的特定性文案。外部推广文案是商家在除自身平台之外所发布的一类文案，这类文案是为了间接引流，多面对不特定的消费者。

2.1 电商文案的两个主要类型

文案类型有很多,但对于电商而言主要可以分为两大类,这是根据文案的发布途径而分的,一类是商品详情页文案,另一类是外部推广文案。详情页文案是专门用于店铺内部,针对特定买家进行产品介绍和售卖的文案,因此,又叫内部推广文案;外部推广文案是用于店铺外的其他渠道,针对不特定受众进行产品宣传、传播的文案,包括通过微信、微博、电子邮件等发布的文案。

2.2 商品详情页文案

商品详情页是指卖家在淘宝、京东或当当等电子商务平台中,对所出售的商品以文字、图片或视频等手段来展示的商品信息。买家在这些电子商务平台上购物不能触摸到实际的商品,只能通过商品详情页这种途径来充分了解商品的各项信息,因此,卖家要尽可能做到商品详情页文案详尽而又有吸引力,这直接决定着买家是否购买产品。

根据载体的不同,商品详情页分为PC端详情页和移动端详情页,如图2-1所示,分别用在PC端店铺和移动设备端店铺。

图2-1 详情页的2大类型

(1)PC端详情页

PC端详情页是指添加在PC端店铺,以适应PC端消费者浏览、观看的一种产品详情页。这种方式曾是电商详情页的主流形式,可以帮助买家了解产品信息,也可以帮助店铺提高转化率,从而提高销售额。

（2）移动端详情页

以往，所谓商品详情页即是专指PC端的，随着智能手机、手提电脑等移动设备的大量兴起，店铺开始由PC端向移动端转移，比如，淘宝和手机淘宝。由于承载商品详情信息的载体发生了变化，商品详情页也需要相应地变化，以适应移动端上传、下载要求和移动端买家的阅读习惯。

较之PC端详情页，移动端详情页最大的区别不在文字、图片、音频等内容层面上，而是在详情页比例、尺寸、格式，以及内容版面设计等方面。以买家使用最多的智能手机为例，手机屏比电脑屏小很多，如果直接将PC端详情页传至手机上，信息就会被掩盖一部分，而且由于手机系统的差异，有的甚至会变形，大大影响买家的正常浏览。

因此，正常来讲在制作商品详情页时需要准备两份，一份用于PC端，另一份用于移动端。

2.3 外部推广文案

外部推广文案，顾名思义就是通过外部途径对商品进行宣传、推广的一种文案。如果说，内部详情页注重的是某个产品，目的是让买家全面详细地了解这个产品并购买，那么，外部详情页更注重店铺的整体，最终目的不是卖出某件产品，而是引流，通过文字、图片、音频等间接影响买家，提高店铺知名度和曝光度，让买家对店铺建立起整体的好感和认可，对店铺有了一定的认识后再入店消费。

外部推广文案通常是根据传播媒介分类的，比如，微信文案、微博文案等。就目前常用的、比较主流的电商推广传播媒介来看，大致有5类，如图2-2所示。

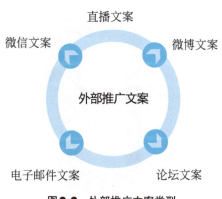

图2-2 外部推广文案类型

2.3.1 直播文案

随着直播平台的兴起,"直播带货"已经成为一种新的电子商务模式。2019年直播电商成为"风口上的猪",各大电商进入直播市场,纷纷推出直播带货渠道。

比如,淘宝、天猫、拼多多、京东、有赞等电商平台一方面建立自己的直播平台,另一方面积极与抖音、快手进行合作,通过广告、主播带货等形式为其导流。再比如,京东推出红人孵化计划,拼多多进行直播首秀,小红书开通电商直播。

然而,对于大多数电商来讲,要想通过直播实现卖货和引流的双赢,不是件容易的事。最主要还在于创意文案是不是做到位了,如若文案不够给力,再多的努力也是枉然。策划和撰写直播文案可以从以下3个方面入手。

(1)以精确的标题来引流

对于文案来讲,标题无疑是最重要的,尤其是以视频为主、文字为辅的直播文案,标题是点睛之笔。标题写得好,就可以马上吸引受众的注意力,引起他们的好奇心。

直播文案的标题要求必须能反映出主题,提到受众最关注的事,让人通过标题就能知道直播的内容;同时要能切中目标人群的痛点需求,给人以惊喜、刺激、眼前一亮的感觉。所以,撰写直播文案首先必须在标题上下足功夫,不仅要与视频主题紧紧相扣,同时还能迎合用户需求。

案例1

某电商在直播中写出了"换季上新"这样的标题,如图2-3所示。这个标题虽然没有详细说明有哪些新品,但却抓住了受众

图 2-3 某电商直播文案标题

的需求。其语言朴实无华却特别有吸引力,这种标题容易引导受众前往直播间观看直播。

(2)提供精准的解决方案

为受众提供解决方案,就是指文案必须能解决受众遇到的问题,或心中的困惑。好的文案都是直白地写一些解决方案,帮助和指引受众解决问题,或让受众花最短的时间获取自己想要的东西。有的文案则会提供多个方案,然后提示受众自行选择。

淘宝上一个美妆商家曾经做过一起直播,文案名称是"素人大改造",如图2-4所示。这个文案之所以吸引人是因为它本身就是一种解决方案,为那些想化妆但又不会化妆的人,提供变美丽的方案。

图2-4 "素人大改造"直播文案

(3)附有精细的促销信息

电商直播文案作为一种产品文案,一般来说,需要凸显出促销信息,而且这种信息要精细、明确,不能隐藏或含含糊糊地提出。比如,可以提出满××减××,仅限××位,或者××时间前进直播间送××。

这样的文案肯定容易引起受众的关注,毕竟人人都喜欢得到优惠,有优惠的时候肯定不想错过。如图2-5,是一则带有促销信息的直播文案。

图 2-5 直播文案中的促销信息

直播文案可以帮助消费者提升消费体验,为许多质量有保证、服务有保障的产品打开销路,还可以间接为电商平台实现引流。

2.3.2 微信文案

微信(WeChat)是腾讯公司于2011年年初推出的一款手机聊天软件,支持文字、视频、照片、语音互动等功能,经过10年的发展,已经成为当今最流行的移动互联网入口之一。尤其随着微信公众号和微信商城的推出,无论是大、中、小企业还是电子商家,都开始通过微信进行营销,或直接以微信作为电子商务经营的平台,而微信文案就是最常见也是最重要的营销方法。

微信文案是以微信朋友圈、公众号等为传播媒介,用简洁的文字、有趣的图片等组成的文案,通过引导微信用户阅读文案来加深对品牌或产品的印象。

案例3

"时尚家居"是《时尚家居》杂志的官方微信公众号,其发布的文章都是围绕着家居生活的。正如其名,公众号"时尚家居"的文案,语言风格平实而不失有趣,简洁而不失丰富,通俗易懂,具体如图2-6所示。

图2-6 "时尚家居"的文案

该文案语言直白得就像白开水,但给读者传递的信息却十分明确,让读者一看便知道其表达的主要内容。这样优秀的文案,怎么能不吸引人阅读呢?

通过微信文案带动营销有很多优势,不仅可以降低营销成本,还能让消费者更深入地了解产品或服务,提高用户忠诚度,微信文案的传播优势如图2-7所示。

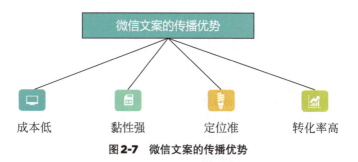

图2-7 微信文案的传播优势

微信主要运行于智能手机,随着智能手机运用范围增大,微信的适用范围也随之大增。微信的使用简单便捷,成本非常低,同时也与个人信息紧密相关,一个微信账号对应一个个体,有强烈个人色彩,风格鲜明,利用其进行营销容易强化消费者的黏性和忠诚度。微信还有一个很大的特点,即只有账号的关注者才能看到其所发的信息,这直接使微信营销有了"定位准"的天然属性,因为信息的接收者基本上都是目标客户。如果再在撰写文案时充分融入品牌特点,使内容个性化、有特色,便很容易达成较高的客户转化率。

微信文案主要分为朋友圈广告和公众号广告,其中两类广告都可以再细分,比如公众号广告可分为图文广告和阅读原文链接等。

(1)朋友圈广告

微信朋友圈广告是基于微信公众号生态体系,以类似朋友的原创内容的形式在朋友圈中展示的原生广告。用户可以通过点赞、评论等方式进行互动,并依托社交关系链传播,为品牌推广带来加成效应。

朋友圈广告包括两类:一类是个人广告,一类是系统广告。

案例4

个人广告一般由微信用户自己发布,类似于动态信息一样,如图2-8所示。系统广告是由腾讯公司推出的效果广告,如图2-9所示。系统广告依托腾讯海量优质的流量资源,给广告主提供跨平台、跨终端的网络推广方案,并利用腾讯大数据处理算法实现成本可控、效果可观、智能投放。

图 2-8 个人发布的微信文案　　图 2-9 系统发布的微信文案

1）个人广告

2014年以前，朋友圈是微信文案发布的主要平台，它是一个个人化的平台，通过分享趣味性强的内容、社会热点、个人感悟、咨询求助和专业知识等来进行推广。朋友圈的文案有一个特点就是要尽量短，最好控制在6行以内，100个字左右最佳。每天分享的次数、时间也要注意，最佳条数为5～8条，时间点有3～5个，具体如图2-10所示。因为朋友圈基本上是自己的好友，刷屏不仅会造成好友的反感，还可能会被拉黑。

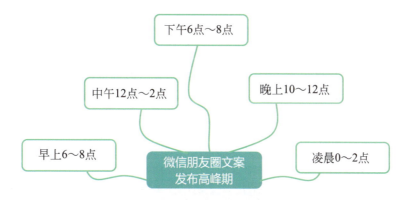

图2-10　微信文案发布时间高峰期

另外要特别强调的是，朋友圈不能发消极的、低俗的东西，也不要发抱怨的、心灵鸡汤类的或成功学类的内容。这是因为微信账号代表着个人的风格，人们通常通过账号所发布的内容来对这个账号的持有人进行判断，然后建立彼此信任、彼此欣赏的模式。

2）系统广告

系统广告由于有强有力的技术、足够的流量支持，因此给买家的体验更好、效果更好，通常被认为是真正意义上的朋友圈广告。而且它可根据广告主的需求，用不同的广告形式推广，如本地广告、原生推广页、小视频广告、图文广告等，具体如表2-1所列。

表2-1　微信朋友圈系统广告类型

广告类型	广告效果
本地广告	借助LBS（Location Based Services，基于位置的服务）技术，朋友圈本地推广可以精准定向周边3～5千米内的人群，无论是新店开业、促销、新品上市还是会员营销，朋友圈本地广告都能有效触达顾客，提高门店顾客到访率

续表

广告类型	广告效果
原生推广页	由微信朋友圈外层展示和内层原生推广页两部分组成,点击可直接打开原生推广页,可提升客户的观赏体验,满足其更深入的需求,从而突破了只有内容没有体验的局限
小视频广告	外层小视频默认播放,点击进入完整视频,同时可选择跳转链接,层层深入,将目标受众"自然地"带入故事情境之中,生动呈现品牌内容
图文广告	文字、图片、链接可灵活自由配置,提供多样的展示形式,满足个性化的创意表达

（2）公众号广告

公众号是目前微信营销的主战场,它包括订阅号和服务号,使用文案进行营销的通常以订阅号居多。首先,公众号文案所写内容可以尽量口语化,且不要使用过多的专业术语,每句话不要太长,最好保持每句20个字以内,如果文字太多需要使用逗号或顿号隔开。其次,段落不能太长,保持一段5～7行最佳,且段落长短要有变化,不能让消费者感到乏味。

1）图文广告

在现代社会媒体中,传统的广告文案已经失去了优势,电商文案以有趣的图文广告的形式进行表现,大家更容易接受。这样的方式虽然广告色彩较重,但因为有趣、可读性强等,消费者也会乐于接受,进而转发与分享。

微信文案也最容易进行图文编辑,在微信朋友圈、公众号信息发布后台,都有专门的文字编辑区和图片编辑区。流传甚广的《梵高为什么自杀》《疯狂的一亿元》等都是这类文案。

2）阅读原文

"阅读原文"是微信公众号软文独有的,在很多微信公众号文章末尾都有"阅读原文"的标志。其实,这是一个超链接,因为微信文案中不能放置超链接,只能在末尾添加"阅读原文"的链接。

其实,重点就在这个链接,链接内容可以设置成广告或文案。当然,如果设置了"阅读原文",就一定要保证自身文案的说服力与吸引力,让用户在读完内容后有点击"阅读原文"的冲动,这样才能达到推广的作用。

2.3.3 微博文案

微博是基于社交关系的一种分享和传播信息的网络媒介和平台。用户以有限的文字、图片和视频片段等内容信息,实现即时发布和共享。

微博具有及时性、交互性和广播性等传播特点,一篇好的微博文案可以吸引大量的消费者,带来大量流量,这种流量可以转化成一种商业价值。

微博是个比较特殊的信息载体,信息碎片化特征明显,因此,微博文案与在其他平台上的文案不同,在写作时需要突出3个特点。

(1)篇幅要短,严格控制字数

文案属于商业类的文章,它不同于文学作品,不要求消费者慢慢阅读,细细品味,而应该符合快餐式阅读需求,让消费者在短时间内获取足够信息。况且微博有明确的字数要求,一般字数不超过140字,在100～120字之间最佳,不足以用文字表达的可以用视频或链接代替。

因此,写作微博文案时,千万不要通过大量文字来堆砌,要做到短小精悍、言简意赅,同时还要注意语言要通俗易懂,让消费者快速接受文章的思想,从而达到引发消费者思考、快速传播的目的。

案例5

 图2-11所示是华为手机的一款新品的微博宣传文案,该文案篇幅适中,浅显易懂,消费者很容易就能了解整个文案的主旨和核心内容。

图2-11 华为手机微博宣传文案

（2）主题明确，信息要高度集中

文案既要求短小精悍，更注重内容的精准。不管是什么类型的文章，都要求有明确的主题，这需要写作者在文案写作之初就做好软文定位，包括文案的消费者群体、写作目的，以及文案的诱惑点。

确定了这些内容后，写作过程中还要注意不能夸大其词，尽量使用适当的语言来描述需要表达的思想，保证文章的真实性和可读性，切忌为了营销推广而虚构信息、歪曲事实。

（3）熟练把握消费者心理，有利于分享和传播

微博发布后，会在极短的时间内引起众多用户的共鸣，进而纷纷转载，达到快速传播的目的。当然，这是有条件的，需要写作者所写文案符合传播要求，并通过自己的经验熟练把握消费者心理。微博文案的写作要求如表2-2所列。

表2-2 微博文案的写作要求

写作要求	内容
营销推广要求	文案是为了营销与推广，因此，文案写作要符合营销推广的要求。写作文案之前，应该先对本次营销推广进行策划，将文案推广的对象、目标、推广过程和推广手法做一个详细的分析和计划，严格按照这个流程来规范文案推广
文体结构要求	微博不只是信息分享和发布平台，它还兼具信息传播的特性，任何信息只要经微博发布，都有可能像新闻事件一样备受关注。因此，微博文案的写作也要符合新闻体裁的要求，可以借鉴新闻的写法，在结构上突出标题、导语、主体等主要部分，必要时也要有结束语、背景等辅助性内容
语表达言要求	微博文案的语言不同于传统媒体文案，在语言风格上自成一体，凝练化、概括化、口语化。因有字数限制，最大的特点是凝练，这也恰恰符合网民快速阅读的要求
	@：微博中有@他人的功能，这个功能让文案的被关注度、曝光度大大提高。因此，在发布文案时最好使用这个功能，@自己的好友和关注过自己的粉丝，给对方一个提醒
	#：代表参与某个话题。在文案中添加话题，可以让微博自动与话题连接，让微博被更多用户搜索到，这样可以提高微博被粉丝之外的人看到的概率
	链接：指对内容的扩展。链接的可以是文章、视频或店铺地址，只要是认为有用的都可以链接的形式放在文案中。如果文案本身内容引起了用户的兴趣，大部分用户都会点击链接查看更多的信息

2.3.4 电子邮件文案

电子邮件营销是在用户事先许可的前提下,通过电子邮件向目标用户传递信息的营销手段,较之传统营销方式更具有优势。比如,提高潜在客户定位的准确度,传播迅速等,具体如图2-12所示。

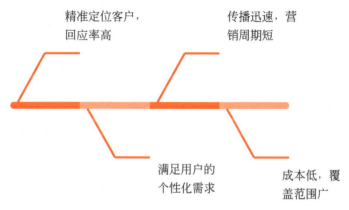

图 2-12 电子邮件营销的优势

(1)精准定位客户,回应率高

电子邮件推广是点对点的推广方式,可以针对某一特定的人群发送特定的邮件,也可以根据行业、地域等进行分类,针对这些客户进行推广,大大增加了目标客户群体定位的准确性,使宣传推广更加到位。这样能获得客户的良好反馈,便于推广工作的开展。

(2)满足用户的个性化需求

电子邮件推广可以满足用户更多的个性化需求,用户可以选择自己感兴趣的信息,也可以退订不需要的服务。用户对电子邮件推广的内容具有主动选择权,可以自主决定是否需要接收这些内容,因此用户对决定接收的信息的关注度也更高,这也是电子邮件推广能够获得较好效果的原因。

(3)传播迅速,营销周期短

电子邮件可以让文案在几秒内快速传递给用户,及时让用户接收到最新动态,实现快速沟通。这种方式的营销周期较短,可以在几天内完成所有的工作。

（4）成本低，覆盖范围广

不管用户在世界上的哪个角落，只要有电子邮箱就能够收到企业发送的电子邮件，并且电子邮件营销的操作方式十分简单，无需掌握复杂的技术，也无须花费大量的人工成本雇用专门的营销人员来进行推广，与其他不加定位地投放广告的媒体相比，大大减少了营销费用。

电子邮件文案是附在电子邮件里的一种广告，是随着电子邮件营销逐步兴盛起来的。因电子邮件营销备受青睐，作为一种重要的网络营销推广手段，电子邮件文案也成为一种关注度极高的广告形式，常用的有电子刊物、会员通信或专业服务商的电子邮件广告等。

电子邮件文案对写作有较高要求，在具体撰写时需要注意诸多方面，如开头如何写、正文如何布局、结尾应注意什么等。

（1）邮件开头

打开电子邮件，第一眼可以看到的便是邮件开头，它们位于邮件的最上方，是用户最先看到的内容。开头包括发件人信息和主题信息等，发件人信息要显示最重要、最核心的信息。

案例6

例如，发件人信息可以体现公司名称、产品名称、价格优惠等，发件人信息填写示例如图2-13所示。

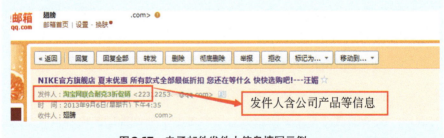

图2-13 电子邮件发件人信息填写示例

与报纸上的头条消息一样，邮件主题要简短而有冲击力，内含重要的信息，比如优惠信息，目的就是为消费者营造一种紧迫感。主题信息填写示例如图2-14所示。

图2-14 电子邮件主题信息填写示例

（2）邮件正文

写完邮件第一段后，就是写正文。正文开头非常重要，第一段可以先抛砖引玉，将整篇邮件的重点做个大纲，设置悬念，或提出优惠，让收件人可以快速点进网页的链接，对信息做出回应。

案例7

唯品会曾做过一个非常有特色的电子邮件文案，字数虽然很少却让人感觉潜在的信息量非常大。只不过，这些信息没有写出来，而是以网页链接的形式出现，如图2-15所示。开头的几句话就是为了吸引用户打开链接。

图2-15 唯品会电子邮件文案示例

当然，如果展示的信息较多，也可以适当地用点篇幅来描述，凸显出产品或服务的特色、优点或所能满足的客户需求，帮助并吸引客户深入了解。

此外，还要注意正文内容的排版，保证页面左右两端有适当的留白，不会出现文字被遮挡、上下文中断等情况。因此正文内容每一行的长度应该控制在可显示的范围之内，确保正文的所有内容都能够清楚地呈现在屏幕上。

（3）邮件结尾

邮件结尾一般不再对其他信息进行描述，但有个细节一定要注意，那就是添加企业的联系和互动方式。

电子邮件文案字字如金，在撰写时一定要注意每句话、每个词语的表达，秉持着真实、具体的原则，有什么好处要明确告诉收件人，这样才能在最短的时间内抓住买家眼球，并打动他们。要避免吹捧或空泛的描述，不要自吹自擂，如"最好的""最高质量""最便宜"等词语不要出现。

2.3.5 论坛文案

论坛，英文Bulletin Board System，简称BBS，是随着互联网发展而逐渐形成的一个网络平台。用户可以在论坛中发表文章，通过与其他用户互动，建立自己的权威和知名度。

值得注意的是，论坛中不可直接发广告，或广告色彩过于明显的信息，否则会被系统直接删除。这似乎与文案的最终目的相悖，因为文案本质就是广告，是为了宣传、推广产品与服务，如果文案中没有这些核心信息，那怎么能叫文案？这就需要文案策划者有高超的文案技巧，既要避免被删帖，又要达到营销推广的目的。

（1）借助开放性、参与性比较高的话题

推广的本质是互动，因此，文案内容一定要能够引起消费者的兴趣，选择一个用户感兴趣的话题是最快吸引用户目光的途径。写作者可将营销诉求融入论坛话题中，话题开放性、参与性越高，参与的人越多，传播越快。文案只要借助开放性、参与性较高的话题，一般都能够获得积极响应与反馈，特别是一些热帖可以获得网友的热烈追捧，能有效地为商家提供营销传播服务。

那么，哪些话题开放性、参与性比较高？具体如表2-3所列。

表2-3 开放性、参与性高的话题类型

类型	具体内容
娱乐新闻	娱乐是很多网友上网时的主要活动之一,不管在哪个论坛,娱乐板块总是最受网友们关注,且能快速吸引更多人目光的一类内容。具体的推广文案可以是充满娱乐意味的帖子,也可以是结合娱乐新闻、事件等吸引眼球的帖子
社会热点	热点或事件是全社会关注的焦点,不仅能够马上吸引大众的注意,还能引发热烈讨论,将社会热点事件融入文案中,效果将会非常明显
争议性话题	争议性话题是最容易引发讨论的话题,特别是与大众切身利益有关的话题更能引起他们的激烈讨论。比如,针对是否取缔余额宝的话题,就引发了大量网友的讨论,甚至连续一周占据了百度搜索榜首
能够产生共鸣的话题	能够让大众产生内心共鸣的话题,一定会引起他们的讨论与热捧。比如,大学生面试的尴尬事件,通过诉说面试过程中遇到的各种问题,让消费者感同身受,产生热烈反响
便于互助分享的话题	在论坛中经常分享一些资源、经验或帮助大众解决问题,可以获得他们的好感和信任。同时,还可在分享的同时将需要宣传的内容以附件或自动回复的形式发送,从而进行宣传

(2)借助特定的论坛活动

很多论坛都会举办特定的、指向性比较明确的活动,这些活动可以有效规避广告的负面效应。更重要的是论坛活动具有强大的聚众能力,借助其能够快速与网友形成互动交流,扩大服务或产品的传播人群。通过网友的自发传播能迅速感染周围的人群,形成小范围的传播高潮,有利于进行消费市场的扩展。

(3)在相应的板块合理发布

论坛的结构分布相对合理,会根据不同的用户需求设置相应的板块,不同用户可在不同论坛板块中与特定的用户进行交流和信息传播,比如,在时尚板块中营销护肤品或服装,在数码板块中推销手机等。商家也可以针对特定的目标受众群体进行重点宣传活动,为某个产品或品牌造势。

(4)注意广告植入技巧

为保证广告的有效性,建议文案人员在植入广告时要注意技巧和方法,以不露痕迹地将信息传递出去,让消费者潜移默化地接受。例如:以案例的形式讲述企业故事或产品故事;让企业或产品的相关人员,以专家、顾问的身份出现在文章中,引导读者读文案;或将企业或产品的版权信息直接植入文末。

另外，在推广过程中，推广人员要及时监测推广的效果，对不如意的部分进行改进，不断总结经验，积累人脉资源，为下次开展论坛推广提供支持。要及时和论坛管理人员交流沟通，熟悉各大论坛的管理员，与他们之间进行良好的互动，这样有利于以后的论坛推广工作。

第 3 章

商品详情页文案的策划重点与技巧

　　商品详情页文案相当于商品广告，是商家向消费者展示商品的窗口。好的详情页文案可以直接激发消费者强烈的购买欲，并将这种欲望转化为行动，促使消费者马上下单，因此写好详情页文案对于电商来讲非常重要。然而，很多文案人员对此并不重视或者不懂得撰写技巧。

3.1 商品详情页概述

网购的环境，使消费者只能通过产品详情页这种途径来充分了解产品的各项信息，因此商家要尽可能做到商品详情页详尽而有吸引力，这对消费者决定是否购买商品至关重要。

3.1.1 商品详情页的作用

商品详情页（详情页）就像一个线上导购，通过文案最大化地将商品的卖点展示出来，延长消费者在店铺的逗留时间，间接引导其下单，提高店铺转化率。

（1）增加买家对商品的了解

买家进入商品详情页时，可以看到详细的商品信息描述，包括商品的材质、品牌、价格和样式等基本信息。

如图3-1所示为某品牌男士钱包详情页的商品详情。

图3-1 某品牌钱包详情页的商品详情

除此之外，详情页也可对商品的其他信息进行展示，如商品描述、商品细节展示、商品实物不同角度的展示等，分别如图3-2、图3-3、图3-4所示。

第3章　商品详情页文案的策划重点与技巧

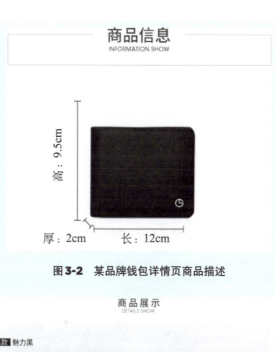

图 3-2　某品牌钱包详情页商品描述

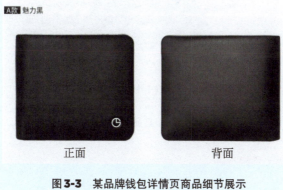

图 3-3　某品牌钱包详情页商品细节展示

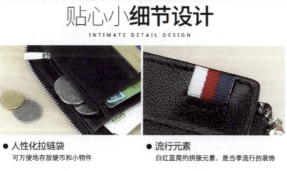

图 3-4　某品牌钱包详情页商品实物展示

（2）让买家了解商品的优势

详情页中除了展示商品的基本信息，还有一个非常重要、不可忽视的内容，也是最重要、最容易吸引买家眼球的内容，即商品的卖点。一般来说，商品的主要卖点需要提炼，以"实物图片+文字"的形式来对商品加以重点展示，突显自己独特的优点。

案例2

如图3-5、图3-6所示为某品牌钱包在详情页展示的优势，通过这种表述方法买家能快速了解到这款产品的优势所在。

图3-5　某品牌钱包优势展示1

图3-6　某品牌钱包优势展示2

（3）引导买家尽快下单

当买家被商品标题吸引而进店后，优秀的商品详情页内容能够让买家细细品读且觉得符合他们自身的需要，甚至让有些只是随便看看的客户也觉得商品确实不错，引起他们想要购买的欲望。图3-7所示即为商品详情页中的优惠促销信息。

图3-7　商品详情页中的优惠促销信息

（4）坚定买家的购买信心

商品详情页不仅让买家了解商品本身，还意在让客户产生购买信心，对店铺和商品产生良好的印象。特别是购买须知、买家评价和注意事项等，这些客户在购买中重点考虑的部分，卖家必须体现出来，以让消费者觉得卖家是真心实意地为他们考虑，从而赢得买家的信任和好感。图3-8所示即为某商品详情页中的买家须知。

图3-8　某商品详情页中的买家须知

另外，商品详情页中的其他商品推荐或促销活动，也会激发买家继续浏览的欲望，使其不会直接关掉页面进入其他商家的网店。需要注意的是，促销信息要及时、有效，不能放置已经失效的内容或纯粹为了吸引买家点击而写一些模棱两可的话。

3.1.2　商品详情页的撰写原则

在写作详情页文案时，文案人员首先应了解产品详情页的功能与制作原则，这样才有助于文案人员写出合格的商品详情页文案。撰写商品详情页应该严格遵守以下原则。

（1）如实描述

不要花哨的语句、夸张的情感等，要的是实在、真实。比如，商品描述一定要符合实际情况，特别是材质、规格、细节描述等基本信息，一定要真实可信，不能肆意夸大，也不能隐瞒或弄虚作假。因为任何一点弄虚作假都会误导消费者，换来的一定是买家的差评和对店铺的负面影响。

（2）图文并茂，以图为主

商品详情页是通过视觉来传达商品特征的一种形式，更注重视觉效果。因此，商品详情页尽管需要文字来进行必要的说明，但主要吸引买家的还是图片。如果忽略图片而采取大段的文字描述将会降低商品的吸引力。正确的做法是有图有文、图文搭配，且要注意图片与文字的美化，为买家提供良好的视觉感受，通过图文搭配的方法为买家提供良好的客户体验。

（3）多种表达方式并存

一个详情页中只有卖家的自述，未免显得有些单薄，会让买家产生审美疲劳，甚至还可能会让买家产生一种"王婆卖瓜自卖自夸"的感觉。因此，一定要善于运用多种表达方式去呈现，让信息立体化，让内容丰满起来。常见的表达方式有以下3种，如图3-9所示。

1）运用对比

商品质量、材质和服务等都可以作为对比的对象，卖家应该从买家关心的角度出发，对可能引起买家关注的问题进行对比分析，从侧面突出自身产品的优点。比如：食品类产品，可从其产地、包装、密封性、新鲜程度、加工和储存

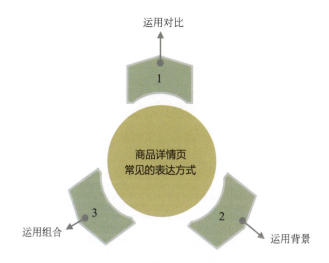

图 3-9　商品详情页常见的表达方式

等方面进行对比；服装类产品可从做工、面料、厚薄、质地等方面来进行对比。

2）运用背景

不同颜色的背景会给买家不同的心理感受，卖家要了解各种颜色对应的感情色彩和色系，根据自身店铺、产品和促销活动等特点来确定选择相应的背景颜色。卖家要注意的是，背景颜色不能太花哨，最好不要使用太多的颜色来进行搭配，要保证背景看起来协调且符合大众的审美。

另外，产品图片也可通过背景的搭配来提升其美感，搭配技巧和方法会在下面章节中具体讲到。

3）运用组合

与其他产品的搭配组合，不仅可以让产品自身效果更加美观，还能在无形之中推销其他的产品，带来更高的店铺转化率。

3.2　商品信息和标题是详情页的核心

商品详情页所包含内容众多，但最核心的是商品信息和标题，因为商品详情页的作用就是向买家"推销"商品，让他们更快、更容易地了解商品信息，对商品产生新的认知。那么，如何在详情页中表现商品，尽可能地展现出商品信息呢？这就需要善于挖掘商品信息。

3.2.1 详情页的商品信息展示

商品信息的挖掘方法有很多，但最常用、效果最好的有2种，只要能掌握这些技巧基本上就能写出一份合格的商品详情页。

（1）充分了解并展示商品的特点

每个人都有在实体店中消费的经历，当在实体店消费时，销售人员都会详细介绍商品的功能、性质和特点，甚至让消费者亲自体验，其目的是为了让消费者看到购买商品后所能获得的好处和利益，促使消费者尽快做出购买决定。

在网店中，商家虽然不能让买家当面进行这些操作，但同样有方法促使其尽快做出购买决定。即通过文字、图片等，描述商品的全貌、性能和特点，并运用富有创造性的方法表现出来，方便买家对商品进行了解。

这就对文案人员提出了更高的要求，文案人员必须充分了解，并熟悉商品的特点，这是做商品详情页的基础。根据笔者多年的经验发现，在了解、熟悉商品的特点上，文案人员需要有敏锐的洞察力和高度的概括、提炼能力，善于透过现象看本质，善于抓重点、抓核心。具体可从以下4个方面入手，如表3-1所列。

表3-1　商品信息应该包括的4个方面

商品信息	具体内容
商品优势和最大亮点	一定要非常明确商品的优势和最大亮点，只有这样，才能在写作文案时突出商品的优势，强化商品在买家心中的印象，让买家心动。当然，也要明确其劣势，从而化被动为主动
商品的性价比	买家购买商品的动机往往不同，有些喜欢经久耐用，有些喜欢奢侈华丽，有些喜欢价格低廉，但不管购买什么商品，质量和价格都是最受关注的。商品是否物美价廉就成了买家选择的首要条件。因此，文案写手在进行商品详情页的写作时，要表达出商品的高性价比，以达到吸引买家的目的
买家的需求	商品是买家的消费品，买家购买商品是为了满足自身的需求。因此写作文案前要详细了解产品与买家需求，了解买家的愿望和动机，根据不同买家的需求，展现商品的不同特点，这样有利于提高店铺的转化率
配套的售后服务	无论什么商品，买家都不希望做一锤子买卖，必须有良好的配套售后服务。因此，在文案写作时，就必须要让买家知道商品的使用寿命是多长，有什么保养技巧，以及如果需要售后服务时应该怎样采取行动等，这些问题都是需要事先写入文案中的

（2）信息的展示要有代入感或感情色彩

有些文案人员写的详情页文案犹如产品说明书，尽管也比较完整地表现出了商品功能、特性、注意事项等内容，但由于文字枯燥、图片死板，表现力极差，很难引起买家的阅读兴趣。这是为什么？原因在于其表现形式上缺乏一点艺术性，缺少一点代入感或感情色彩。

商品详情页有类似产品说明书的功能，但绝不等同于产品说明书。因为详情页不仅是对商品单一的语言描述，还要有挖掘商品附加价值、人性化的一面，要让人有代入感，要能满足买家的情感需求。在挖掘商品附加价值、人性化的一面上，可从以下4点做起。

1）精心设计商品展示说明

商品展示说明是商品详情页中最主要的内容，文案写手要报以虔诚、谨慎的态度来设计商品的展示页面，抓准顾客的喜好和要求，采用有创意的展示说明方式。一般来说，可按照以下5个步骤来进行设计，如图3-10所示。

图3-10　商品展示说明的5个步骤

2）强调商品特色

受限于篇幅，商品详情页不可能体现出商品全部，因此，文案重在展示商品的特色，向买家展示商品的特殊功效，体现商品在同类商品中的优势及与其他商品的区别。

同时，文案人员也可以合理优化产品，从独特的角度，通过文字的叙述美化产品在买家心中的印象。比如：商品样式陈旧，可以强调它古朴大方；商品样式夸张，可强调它新颖有个性，洋气上档次；商品体积很小，可强调它节省空间、便于携带；商品体积较大，可强调它存储空间大，可一物多用。总之，就是要根据商品的性能和服务对象，有针对性地强调重点并加以介绍，这样最大限度地体现商品特色。

3）以顾客为中心

现代销售或服务行业秉承以顾客为中心的观念，因此文案写作还要体现顾客的需求，并给予顾客心理上或精神上的满足。写作前可以有针对性地进行一些调研，将顾客关心的问题收集起来，并将解决办法一并写入文案中。

4）描述要由浅入深，有层次感

进行文案写作时，要注意商品展示的先后顺序，一般来说，应该先向顾客展示商品的特定部分或特点，后向顾客介绍商品基本性能与作用。描述的语言也应该由浅入深，有层次感。不能一开始就写一些深奥的专业词汇或自卖自夸，做一些自以为能够宣传商品的"专业"描述，而不从顾客的实际需求出发，这样反而会引起顾客的反感，导致客户的流失。好的文案应该用语浅显，生动易懂，由浅入深地介绍商品，从而达到吸引顾客的效果。

3.2.2 商品标题的作用

商品标题就像人的名字一样，好的名字能给他人留下良好的第一印象。商品标题是商品详情页中的主要组成部分，一般出现在用户搜索结果页面和商品详情页的顶部。

案例3

商品标题出现在用户搜索结果页面实例，如图3-11所示；商品标题出现在商品详情页的顶部实例，如图3-12所示。

图3-11 用户搜索结果页面的商品标题

图 3-12　商品详情页顶部的商品标题

标题被认为是商品详情页的眼睛，标题的好坏直接决定着整个详情页的效果。在网店中，商品标题通常有两个作用，一个是有利于买家的搜索，另一个是激发买家的点击欲望。

（1）有利于买家的搜索

当买家在众多搜索结果中找寻所需要的商品时，商品标题起着关键作用，标题只有与买家需求相匹配，或含有买家感兴趣的某个关键词，才能被搜索到。不管商品详情页写得多好，商品本身有多好，首先得被人搜索到才行。

（2）激发买家的点击欲望

当买家搜索信息后，呈现在他们面前的是一系列符合他们搜索需求的商品，这时，商品标题就起到激发买家的点击欲望，让商品被买家浏览到的作用。一般来说，好的商品标题能够吸引买家点击，提高店铺的流量。

3.2.3　商品标题的拟写原则

从上一节商品标题的两个作用可以总结出其拟写原则，那就是既要有利于买家的搜索，又要能够最大限度地激发买家的点击兴趣，为店铺引流。在这个原则指导下大致有3种做法，具体如下。

（1）选择合适的标题关键词

在电商网站中，商品是否能被用户搜索到，主要取决于标题关键词与用户搜索关键词的匹配程度和标题的规范性。合理设置标题关键词能够增加商品的点击率，建议在商品上架的初期尽量避开竞争很大的关键词，多使用长尾关键词和与商品属性吻合度高的关键词。

例如，某卖野生蜂蜜的电商，标题的关键词为"深山野生""农家自产""无公害无添加"等，多与野生有关。

同时，写作者还要站在买家的角度来思考标题中会包含怎样的关键词，结合买家的心理和商品属性，拟定一个简洁又能突出商品卖点的标题。

案例4

如图3-13、图3-14所示，两则标题从不同的用户角度来拟定商品标题。

> MG美即缤纷水漾肌密秋冬补水保湿面膜贴组合20片护肤化妆品

图3-13　商品标题实例1

> 去封闭性闭合性粉刺闭口痘痘黑白头疏通毛孔中药青黛膏面膜

图3-14　商品标题实例2

第一则标题是以用户对商品品牌、商品规格等属性的需求拟定的；第二则标题是以用户对商品的功效需求为主要角度来拟定的。

（2）要体现商品类目

商品详情页中的标题必须体现出商品的类目，因为买家在网店中购物，主要是通过自主搜索和商品类目导航搜索来查找自己需要的商品，商品类目属性也决定着用户搜索的结果。

换句话讲，网店中商品详情页的标题是有类目属性的，这是网店详情页中最独特，也是与详情页其他内容区别最明显的地方。类目属性是在保证用户体验的基础上，网站开发人员为了帮助买家更好地找到所需的商品而设计的。目的是让商品标题与用户查询的关键词更匹配,与商品所在的详细类目信息息息相关。当用户输入某个词语进行搜索时,网站就会根据这个词语来判断用户想要的是什么样的商品,继而匹配到商品的某个类目信息中。

比如,用户输入"身体乳",那么可能是想找"美容护肤/美体/精油"栏目下的"乳液/面霜""身体护理"类的商品,如果产品在其他的类目下,用户搜索结果中将不会有该产品。再比如,用户搜索的是"灯罩",那么他可能是想找"家装主材/配件专区/灯具配件"类目下的某个商品,如果卖家错将灯罩分类为"家居饰品",则其产品在"家居/家居饰品"的默认排序中将被降权显示。

因此,商品类目属性准确度越高,商品属性填写越完善,越能够被买家搜索到,从而增加店铺流量和成交量。

(3)标题形式要规范

设置吸引人的商品标题是增加商品点击率的关键,具体可参照按以下规范设置商品标题。

① 商品标题请限定在30个汉字(60个字符)以内,否则会影响发布。

② 标题要尽量简单直接,还要突出卖点,要让买家即使看一眼,也能知道商品的特点,知道它是什么商品。

3.2.4 商品标题的模板

通过观察并分析一些销量较高的店铺,笔者发现这些店铺的商品标题有一定的规律,即:品牌名称+商品名称+商品属性+促销活动。

案例5

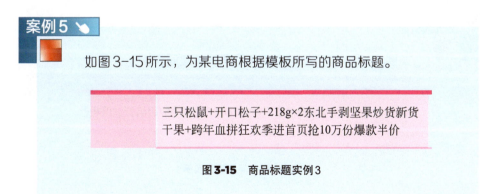

如图3-15所示,为某电商根据模板所写的商品标题。

三只松鼠+开口松子+218g×2东北手剥坚果炒货新货干果+跨年血拼狂欢季进首页抢10万份爆款半价

图3-15 商品标题实例3

（1）品牌名称

植入品牌名可大大提高店铺流量，这也是最容易被搜到的一类关键词。当然，品牌名气很小，或者是新品牌，则不推荐使用，因为品牌几乎没有人知道，没有名气，搜索的人自然就少，而且还会增加标题字数，减少其他关键词在标题中的展示机会。

（2）商品名称

标题中一定要包含商品名称，这点很重要，否则没有人知道在卖什么。

（3）商品属性

在网店中购买商品时，买家一般都是通过在搜索框中输入描述商品属性的词语来查找需要的商品，因此，对买家来说，他最关注的是商品的属性特征。比如，女士服装可以在标题中添加风格、材质和款式细节等属性，数码产品则要有型号、规格等属性，食品则需要产地、规格等属性。

（4）促销活动

标题中尽量多用特价、促销、包邮、超值或新品上市等叫卖属性的词语来吸引买家眼球。这与在实体店铺买东西一样，当消费者听到或看到低价促销等消息时，总会想去看看。

这些关键词并不是一成不变的，卖家可以根据实际需求，特别突出某个关键词，也可以增加或删除某个要素，自由组合，使标题能更加有吸引力。

案例6

如图3-16，商品标题突出商品属性关键词。

【经典款】TheNorthFace北面羽绒服男舒适保暖秋冬上新|3RKB

图3-16　商品标题实例4

如图3-17，商品标题突出促销活动关键词

> 【买一送一】智利进口车厘子新鲜水果包邮当季大樱桃车厘子

图 3-17　商品标题实例5

如图3-18，当促销活动不重要时，商品标题可删除促销活动关键词，增加售后服务关键词。

> 飞科剃须刀电动男士全身水洗智能充电正品智能显示1年以换代修全国多仓发货

图 3-18　商品标题实例6

3.2.5　标题拟写常遇到的问题

写好商品标题看似简单，实则很难，很多店铺在标题的拟写上尽管花费了很多时间，但访问量仍旧寥寥无几。可见，标题的拟写过程中存在很多问题，那么，到底有哪些问题呢？经过总结，主要有以下6个。

（1）关键词的盲目堆砌

关于"关键词堆砌"的定义，在淘宝网规则中有这样的规定：在商品发布的宝贝属性填写中，所填写的品牌、材质、规格等信息中存在星级信誉乱用、夸大或过度承诺商品效果及程度、关键词堆砌等情形。

在标题中堆砌关键词虽然能使发布的商品引人注目，或使买家能更多地搜索到所发布的商品，但这是扰乱电商平台正常运营秩序的行为。

如图3-19所示，某电商在商品标题中堆砌无关的关键词。

> 铁观音茶饼浓香型乌龙茶陈年老茶碳培老茶普洱茶包邮

图3-19　商品标题实例7

这则标题就通过堆砌产品名称使买家尽可能搜索到它，但其实忽略了产品的其他卖点，是一则典型的堆砌关键词的标题。

（2）使用违禁词、敏感词

一些卖家为了快速吸引买家注意，可能在标题中添加一些敏感词以博眼球，如一些假货敏感词汇或色情敏感词汇等。但电子商务平台都有过滤功能，如果标题中带有敏感词汇，会将整个标题过滤，不能被用户搜索到。

（3）滥用关键词

滥用关键词一般是商家在标题中滥用品牌名称或与本商品无关的关键词，"蹭"不属于自己关键词的流量。这样即使买家在搜索结果页面中看到了商品，也会因为不符合自身需求而对店铺产生负面印象，并且这种做法也容易被电子商务平台判定为作弊而降权。

7种常见的滥用关键词的情况，如表3-2所列。

表3-2　7种常见的滥用关键词的情况

序号	具体情况
1	在标题中使用并非用于介绍本商品的词汇
2	故意在标题中使用正在被热搜的关键词，但该关键词和商品无直接关联
3	在标题中使用其他商品制造或生产公司的品牌名称
4	在标题中涉及与其他商品或品牌相比较的情况
5	在标题中恶意添加对赠品、奖品的描述
6	重复关键词，有些商家认为这样可以使搜索排名靠前，其实是对标题字数的浪费
7	将同一标题应用到类似的商品中，使用重复的标题

（4）频繁或大幅度修改标题

标题一旦确定，不要在短时间内频繁或大幅度地修改，因为这样有可能被电子商务平台判定为更换商品而被降权。

（5）长时间使用相同的标题

这类做法虽说避免了频繁或大幅度地修改标题的问题，但也有诸多弊端。商家不应该长时间使用相同的标题，当遇到以下情况时应该对标题进行适时修改，具体如表3-3所列。

表3-3 需修改标题的情况

序号	具体情况
1	商品从发布到热卖，大都要经历发布期、成长期和爆款期3个阶段，可根据不同的时期来选择不同的关键词
2	有些商品有显著的时间性、季节性，也可以根据需要而调整标题
3	在一些特定的节日、促销活动期间等，商品标题应配合进行适当优化

（6）滥用符号

很多文案创作者习惯在标题中加入各式各样的符号，尤其是当标题较长时，这样虽然看起来便于阅读，其实不然。符号如果过多，会导致标题不紧凑、断句不易，给用户带来较差的阅读体验。

而且滥用符号会影响到用户对关键词的搜索，因为有的符号也会被搜索引擎识别出来，从而影响搜索的精准度。

第4章

商品详情页文案的写作与编排技巧

商品详情页文案是一种特殊的文案,它在撰写上与其他文案有很大的差别。对于文案人员来讲,要想写出好的详情页文案,必须遵守一定的原则,抓住规律,运用多种技巧,只有充分掌握这些,才能写出富有吸引力的商品详情页文案。

4.1 撰写商品详情页文案的3个出发点

撰写商品详情页文案,通常可以基于以下3个出发点。

（1）以产品为出发点

如果产品有特别明显的优势,直接把优势表达出来就可以了。比如,竞品只有一个灯头,而自家的产品有两个灯头,这样的卖点最有底气,适合简单直接的文案。

（2）以用户为出发点

大部分情况下,产品与同类相比,很难有显著优势。但没关系,在宣传时可将产品连接用户现有的认知,这样也能获得高点击率。

比如下面这几个文案：

穿出A4腰。

五星级酒店带回家。

别再用生姜水洗头了。

桑拿天适用。

用户之前对A4腰、五星级酒店、生姜水、桑拿天这样的词已经有了概念,商家采用这样高度浓缩信息的词语,可让用户瞬间就能领会到卖点。这样的词叫超级词语,在文案中用上超级词语,是提高点击率的一大秘籍。

（3）以竞品为出发点

你的产品之所以不受消费者欢迎,一定与竞争对手太强有关系。所以,在撰写产品文案时,竞争对手是一定不能忽略的。多研究研究竞争对手文案,非常重要,并根据对手的文案有针对性地写,实现产品的差异化。

例如,关于宝宝辅食的文案,当竞争对手都在强调营养成分时,你可以将焦点放在易消化、不上火这些特点上,以实现差异化。

4.2 商品详情页文案的写作技巧

商品详情页文案的撰写需要掌握很多技巧,常见的有以下4个。

(1)凸显产品的价值

产品价值分为产品使用价值和产品非使用价值两种,写商品文案时,一定要既体现产品的使用价值又体现其非使用价值。

1)产品使用价值

使用价值(value in use)是商品的自然属性,是一切商品都具有的共同属性之一。任何物品要想成为商品都必须具有可供人类使用的价值;反之,毫无使用价值的物品是不能成为商品的。比如:米、面的使用价值是充饥;羽绒服的使用价值是御寒;防晒衣的使用价值是防晒。

案例1

如图4-1所示即为一款防晒衣的宣传截图,其文案体现了防晒衣的使用价值。

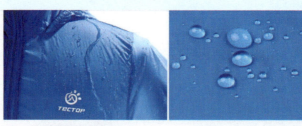

图4-1 防晒衣的使用价值

2）产品非使用价值

非使用价值通常也叫存在价值（有时也称为保存价值或被动使用价值），它是指人们在知道某种资源的存在（即使他们永远不会使用那种资源）后，对其存在赋予的价值。

有很多文案人员在撰写详情页时只注重体现产品的使用价值，而忽略了非使用价值。从产品营销的角度来说这是片面的，通过挖掘产品的非使用价值，设计符合客户需求的非使用诉求，可以提升产品的价值，给产品赋予更加丰富的内涵。产品的非使用价值可以从图4-2所示的角度进行挖掘。

图 4-2　产品非使用价值的挖掘角度

案例2

一款眼镜的使用价值是为顾客解决近视问题。如果从"受众的职业、身份和形象"的角度来挖掘它的非使用价值，可以从戴上眼镜后体现的职业气质来进行描述。职业经理人戴上它可以变得更加干练；商务人士戴上它可以变得更加有气场更有领导力；年轻人带上它可以显得沉稳等。这样就为眼镜赋予了很多非使用价值，使眼镜并非只有解决近视问题这一个卖点，从而提升眼镜的价值，也可以卖出更高的价钱。如图4-3所示是某款眼镜有关非使用价值的文案截图。

图 4-3　某款眼镜非使用价值的文案

（2）紧贴店铺定位

文案写作一定要紧贴店铺的定位，这样不但能起到展示、宣传产品的作用，同时还可以凸显出自身的优势与特色。比如，裂帛、素罗等店铺的定位为文艺风服饰，文案的创作就围绕客户对文艺风的喜爱与向往，通过一些能体现文艺和民族风情的语言来进行叙述，主要体现自由与心灵的放飞，与大多数都市白领的愿景相契合。

案例3

如图4-4所示，为京东上唯品会旗舰店对一款裂帛连衣裙的介绍。

图4-4　京东唯品会旗舰店裂帛连衣裙文案

（3）抓紧目标消费人群的痛点

卖家可以设身处地地以买家的角度来寻找需求痛点，思考买家为什么必须要买这款商品，结合买家的痛点需求对店铺商品的卖点进行宣传，加深买家的认同感，也提升他们的购买欲望。比如，母婴用品的痛点需求就是安全、天然和环保等，女性内衣的痛点需求则是避免身材走形和健康问题等。

（4）行文要符合大多数人的阅读逻辑

优秀的商品详情页文案都有一定的逻辑，它主要围绕商品的某些主题来展开描述，对卖点进行细分，从不同的角度切入。通过众多卖家的实践，商品详情页文案逻辑主要可按以下14个项目的顺序撰写，如表4-1所列。

表4-1 详情页文案逻辑顺序

序号	项目
1	品牌介绍
2	焦点图
3	目标客户群设计，即卖给谁
4	场景图，用以激发顾客的潜在需求
5	商品详细介绍，以赢得顾客的信任
6	为什么购买本商品，即购买本商品的好处有哪些，不购买本商品会怎么样
7	同类型商品对比，包括价格、材质和价值等
8	客户评价或第三方评价，提高买家信任度
9	体现商品的非使用价值，最好通过图文搭配的形式来进行设计
10	拥有本产品后的效果塑造，给顾客一个100%购买的理由
11	给顾客寻找购买的理由，如自己使用、送父母、送恋人或送朋友等
12	发出购买号召，为顾客做决定，即告诉顾客为什么要马上在店里购买
13	购物须知，包括邮费、发货和退换货等信息
14	关联推荐商品信息

以上表格中所列项只是一个详情页框架参考，至于在实际操作中，针对不同行业、不同商品要具体情况具体分析。在写作文案前，写作者可以收集一些同行业销售量前几名的商品详情页文案，分析他们的文案布局和写作方法，在此基础上创新出自己的风格。

4.3 商品详情页的编排

4.3.1 图与文的巧妙搭配

图文并茂是商品详情页的基本要求,不仅可使商品信息的表达更加多元化,还可以大大增强可读性,增加买家的阅读兴趣。纵观大多数优秀的商品详情页都是以图为主,文字为辅,清晰、直观的图片可以明确地展现产品的特点,是商品详情页中至关重要的元素,它和文字一起构成了商品详情页的内容。

下面对商品详情页中常见的4类图片进行详细介绍。

(1)焦点图

焦点图,也叫商品主图,在商品详情页最显眼的位置(一般为上方)。通过图片的方式来推广店铺中的商品,具有一定的视觉吸引力,容易引起访问者的注意和点击欲望。买家进入店铺,最先看到的往往就是商品主图。

案例4

某商家推出了一款电动平衡车,图4-5为该平衡车在商品详情页中的焦点图。

图4-5 某款电动平衡车的焦点图

焦点图在商品详情页中尤为重要,因此,在设计商品主图时,图片要清晰、色彩明亮、信息表达充分、主次分明,真正起到吸引买家的作用。

(2)商品总图及细节图

商品总图以及细节图是商品详情页图片中不可缺少的一部分,目的是全方位展示商品的全貌和细节,对买家对商品建立良好的印象起着重要作用。商品总图是指能够展现商品全貌的图片,最好是不同角度且能够完美展现商品信息的图片。如从商品的正面、背面和侧面来展现商品的图片。

商品细节图是指表现商品局部的图片,主要分为款式细节、做工细节、面料细节、辅料细节和内部细节等。

案例5

仍以电动平衡车为例,如图4-6所示为该款电动平衡车的侧面图,如图4-7所示为该款电动平衡车的细节图,包括跑马灯、防滑踏板、蓝牙音箱等。

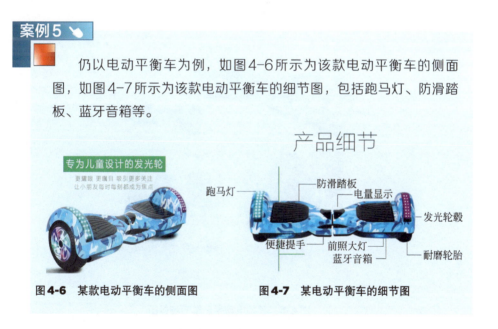

图4-6 某款电动平衡车的侧面图　　图4-7 某电动平衡车的细节图

(3)场景图

场景是指在某一时间和地点,由一定的人物和人物活动所组成的生活画面。网店中的场景图是指实拍图或在搭建的场景内拍摄的图片。这种图片可以让产品不再单调,使产品以充满生活气息的方式呈现在买家面前,给买家良好的视觉感受,吸引买家购买。特别是服饰、鞋靴和箱包等,卖家最好提供场景图片。

如图4-8所示为电动平衡车的场景图。

图4-8 某款电动平衡车的场景图

（4）用户感受图

用户感受图包括两种，一种是用户问题集锦图，另一种是第三方评价图。用户问题集锦图即将用户最关心的问题搜集、整理出来，并将解决办法一并写入文案中。第三方评价图主要是展示已买产品的用户对产品以及购物过程的评价。现在的电子商务网站都包含买家评价功能，卖家也鼓励买家将自己的购物过程和产品使用感受写在网上，以供其他买家参考。

4.3.2 页面结构的排列

好的详情页设计会增加买家对商品的了解，打消买家的疑虑，激发买家的消费欲望，甚至直接引发购买行为，是提高店铺成交率的主要方法。那么，什么样的详情页才算一个好的详情页呢？首先需要对整个结构进行规划，使所表现的信息准确完整、层次分明。

接下来，就来了解一下一个完整的商品详情页通常包含哪几部分，具体如图4-9所示。

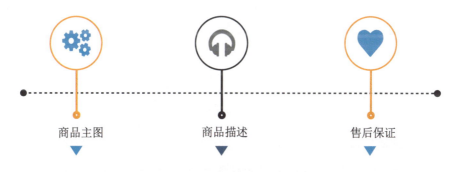

图4-9　商品详情页的3个部分

（1）商品主图

在前一节讲到，商品主图即焦点图，当买家浏览商品时，最先看到的就是商品主图。在商品详情页中，商品主图是很重要的一部分，是对所销售的商品的一种最直接的视觉展示方式，不可缺少。

（2）商品描述

在商品详情页中，商品描述是最能表现主题的一部分，因为买家最关注的就是商品。商品描述直接决定买家是否购买该商品。商品描述是通过文字、图片这种静态的信息来表达，要求必须实事求是地介绍商品的价格、优势、优惠条件以及各项属性等。

在设计整个页面时，商品描述部分要突出重点，所有内容都围绕关键点进行设计、撰写，商品描述部分的框架如表4-2所列。

表4-2　商品描述部分的框架结构

项目	内容
主图	主图是视觉焦点,可以第一时间吸引买家注意力,最好采用能够展示商品情调和品牌特色的图
商品基本属性	商品显现的最基本的特征,包括规格、名称、材质、颜色等,特定的商品还有其他项目,总之,商品基本属性必须全面展示出来,让买家对商品有个比较形象的认识
商品细节	商品隐藏的、无法轻易辨识出来的细节,最好能提供真人秀和模特实景直观展示出来,千万不可模棱两可,含糊其词
商品卖点	即商品与众不同的特性、功能、作用,以及使用体验等
优惠信息	即该商品或者店铺当前的优惠活动,如礼券、打折、赠品等
关联商品信息	与主商品有关联的同类商品或套餐,可激发买家对其他商品的购买欲望,提高顾客的客单价,在一定程度上决定了店铺销售额的高低

需要注意的是,文案人员在撰写详情页文案商品描述部分时,应该尽量让文字简洁明了,以便于用图片进行展示。文字尽量简短,但又要能充分表达出所要表达的信息,这正是对文案人员文字功底的考验。

（3）售后保证

网络购物并非像实体店购物一样能够实实在在地触摸到商品,因此具有一定的风险。因为不确定商品的真实性,很多买家望而却步。因此,文案人员在撰写详情页文案时应该把可能引起买家担心的问题列举出来,这部分被统称为售后保证。

售后保证方面的内容包括售卖资质信息、物流信息,以及退换货信息等,如图4-10所示。

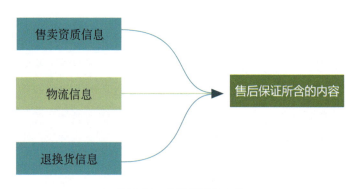

图4-10　售后保证的内容

售卖资质信息包括店铺/商品经营资质证书、品牌授权等；物流信息包括发货流程，使用什么快递等；退换货信息包括是否支持退货，退货都需要走什么流程等。明确地展示这些信息，有助于减轻卖家客服的压力，打消买家不必要的顾虑。

4.3.3 页面版式的组合

商品详情页不但要求信息完整、全面，还需要兼顾美观，要将商品页面的组成要素进行合理排版，即将图片或者文字说明等组成要素，进行科学合理布局，从而使页面更加引人注目，提升顾客的购买率。

版式的形式是保证页面美感的前提，严格地讲，创意性的东西本没有固定的章法可循，主要靠创意人员、设计人员的灵活运用与搭配。但通过大量实践发现，其中还是有些规律可循的。换句话说，要想又快又好地制作出一个完美的详情页，需要遵循一定的原则、规律，掌握必要的方法技巧。这些原则规律、方法技巧具体如下。

（1）对称与均衡

在我国的传统艺术里，对称是最常用的技法，是指在排列上以某个线或点为基准进行对齐。对称的形式有多种，比如，以中轴线为轴心的左右对称，以水平线为基准的上下对称，以点为基准的中心对称，以及以面为基准的反转对称。对称与均衡给人的感觉就是稳定、整齐、有秩序，能让人清晰地了解其中的信息。

设计中对称的3种方式具体如图4-11所示。

图4-11　设计中对称的3种方式

当然，运用到页面设计上要避免绝对对称，可引用均衡的手法。均衡是一种富有变化的对称，是指在保留对称的"形"上，让形式更灵活、饶有趣味，具有灵巧、生动、活泼、轻快的特点，可使画面中的各个元素在布局上富于变化。

在对称与均衡中，采用等形不等量或等量不等形的手法进行布局，会使页面更加耐人寻味，增强细节上的趣味性。

（2）节奏与韵律

节奏，是有规律的变化，即用反复、对应等形式把各种变化因素加以组织，构成前后连贯的有序整体。而韵律，是以节奏为前提的有规律的重复、有组织的变化，给节奏注入情调，使节奏具有一定的变化。节奏与韵律具体用于详情页，即是运用带有一定节奏感的排版方式，如竖排、横排，将复杂的信息有规律、有序列地表现出来，使页面显得轻松而自然，美观而优雅。

案例7

节奏与韵律在实际中的效果图如图4-12、图4-13所示。

图4-12 竖排的排版效果图　　图4-13 横排的排版效果图

（3）对比与调和

对比是指把相对的两要素进行比较，从而产生大小、明暗、黑白、粗细、强弱等强烈对比。对比的最基本要求是能显示出主从关系和统一变化。

调和是指适合、舒适、安定、统一,是对近似性的强调,使两者或两者以上的要素之间具有共性。

案例8

结合案例来看对比和调和的具体效果,对比效果如图4-14所示,调和效果如图4-15所示。

图4-14中主图色和背景色之间是一组对比关系,主图红,背景色白绿,主图色是暖色调,背景色是冷色调,主图色亮丽,背景色轻淡。

图4-14 对比效果图

图4-15中色调的关系同样表现在主图色和背景色上,虽然同为橙色,但由于亮度不同,色差也很明显,使整张图看起来主次分明,非常协调。

图4-15 调和效果图

对比与调和两者看似矛盾，实际上是相辅相成的。在商品详情页中，页面里的各种设计元素往往存在着相互对比的关系，为了寻求视觉和心理上的平衡，就需要在对比中寻找能够相互协调的因素，也就是说在对比中寻求调和，让页面在富有变化的同时，又有和谐的审美情趣。

（4）留白与虚实

留白与虚实是艺术创作中的一门学问。我们先来说说留白，留白是指在书画艺术创作中，为使整个作品画面、章法更为协调，而有意留下相应的空白，留有想象的空间。留白的作用是衬托，是"虚"的一种特殊表现手法，目的是突出整体，让其有层次感、错落感。而且留白的形式、大小、比例决定着整体的质量。

运用在详情页设计上，可以理解为版面未放置任何图文的空间。为了强调主体，可将主体以外的部分特意空出来，或添加模糊背景，使主体更加明确。

案例9

结合案例看虚实与留白效果图，如图4-16所示。

图4-16中，整个画面除有几个不完整的橙子之外，全部空白化处理，这样反而使画面看上去主次分明，错落有致。

图 4-16　留白与虚实效果图

4.3.4 页面色彩的调配

上节我们提到对比与调和,这既是一种版式组合原则,也是一种色彩调配技巧。在详情页整体色彩调配上,对比和调和是两大主流形式。

(1)对比的运用

根据色相在光谱上的排列顺序可将色彩设计成24色色相环。在这个色环中,以蓝色为基准色,相距15度为同类色,相距30度为类似色,相距60度为邻近色,相距90度为中差色,相距120度为对比色,相距180度为互补色,具体如图4-17所示。

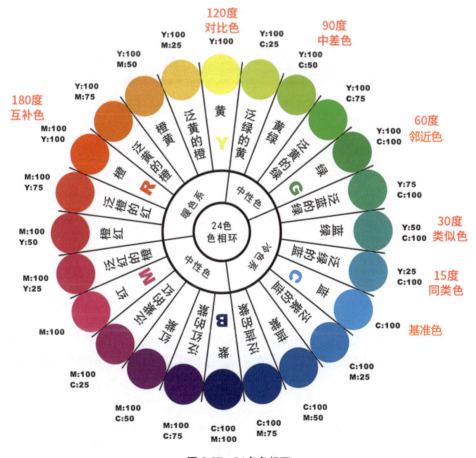

图 4-17 24色色相环

从图中可以看出相距180度的两个颜色对比最明显，随着度数的减小，对比程度越小。对比可表现出强烈的视觉差，详情页的色彩在运用对比时给买家留有线条分明、页面活泼、充满立体感的感觉，如图4-18所示。

图4-18　对比在详情页中的运用

（2）调和的运用

一组色彩没有对比就失去了刺激神经的作用，但如果只有对比又会造成视觉疲劳和精神紧张。因此，色彩搭配既需要对比来产生刺激，又需要适度调和，以达到和谐美的目的。因此，色彩调和是非常有必要的，是实现"色彩美"的手段。

所谓色彩调和就综合运用颜色的色相、明度、纯度3个属性实现多种色彩的统一。

1）色相的统一

色相就是指颜色，色相的统一是指在保证色相大致不变的前提下，通过改变明度、纯度以达到配色的效果。色相统一的调和配色，可以是相同颜色调和配色，也可以是类似色、邻近色的调和，目的都是使页面色彩和谐，产生层次感。

这类配色方式保持了色相上的统一，变化的是颜色的明度和纯度。比如，整个页面全部采用黑色，为使得页面达到调和，有层次感，可在保证色相不变的前提下，来改变明度、纯度，具体效果如图4-19所示。

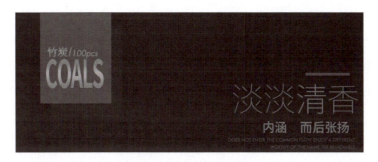

图 4-19　色相统一的效果图

2）明度的统一

明度指颜色的明亮程度，明度的变化可以表现事物的立体感和远近感。明度是决定配色的光感、明快感和给人带来的心理作用的关键。根据明度的色标，可将明度分为3类，即低明度、中明度和高明度，色彩中比较明亮的叫高明度，比较暗的叫低明度。

红橙黄绿青蓝紫中，黄色明度最高，蓝紫色明度最低，同一颜色明度降低最后变为黑色，明度增加最后变为白色，如图4-20所示。

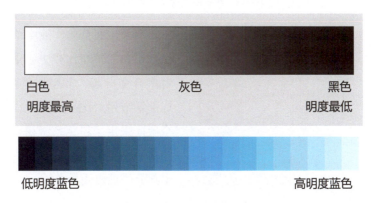

图 4-20　颜色明度变化色卡示意图

高、低明度的色彩对比较强，很容易取得对比的效果，中明度的色彩对比比较弱，只有微弱的轮廓感。

3）纯度的统一

纯度的高低代表着色彩的鲜艳程度，在一组色彩中，当纯度的水平相对统一时，色彩的搭配也就很容易达到调和的效果。随着纯度高低的不同，色彩的搭配也会给人不一样的视觉感受。

高纯度的色彩，给人以鲜艳夺目、华丽而强烈的感觉；中纯度色彩没有高纯度色彩那样耀眼,但会给人文雅、含蓄、明快的感受,多用于表现高雅、亲切、优美的画面;低纯度色彩的色感比较模糊,这种色彩常带给人以平淡、自然,甚至有些虚无、无力的感觉。按照S值进行划分,依次是红橙黄绿青蓝紫,如图4-21所示。

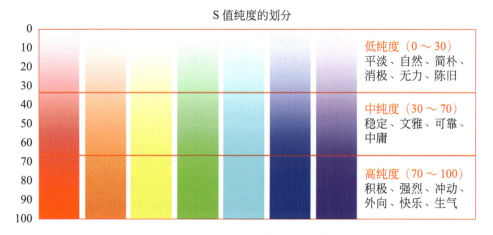

图 4-21　颜色纯度变化色卡示意图

图 4-22　同一色系调和与对比效果图

不过,在具体实战中单独运用对比或调和的情况比较少,常常是将两者融合在一起,即整体版面用调和,局部细节用对比。如图4-22所示,整个版面采用了粉色系,在局部又对不同板块颜色的纯度进行了调整,使下半部分呈现出浅粉色。

(3) 注意事项

颜色的调配在详情页制作中非常重要,良好的色彩搭配能给人以强烈的视觉冲击,因此,这也被认为是营销策略的中的一种:视觉营销。然而,设计人员在色彩的调配过程中也需要注意以下事项,不合理的搭配反而会造成负面影响。

1）堆砌色彩

有的设计人员喜欢堆砌色彩，在同一页面上使用多种颜色，色彩数量多可使页面变得鲜艳生动、富有活力，但色彩数量的增加并不与表现力成正比。同一个页面上色彩众多，一个标题就是一种颜色，每一个框、线的颜色都不同，这容易造成版面复杂、混乱，对买家理解、获取信息毫无帮助，反而可能带来负作用。

一般来讲，同一个页面只需要有一种主色贯穿其中即可，主色不一定是面积最大的颜色，也可以是最重要、最能揭示和反映主题的颜色。注意不要将所有颜色都用到，颜色使用尽量控制在3～5种以内。

2）过分强调色彩的刺激度

在生活中人们会感觉某些颜色很刺眼，看起来比较累。因此，页面用色要尽量少用视疲劳度高的色调。一般来说，高明度、高纯度的颜色刺激强度高，视疲劳度也高。色彩刺激强度高的色彩不宜大面积使用，出现频率也不宜过高。低明度色彩给人的视觉疲劳度虽然低，但往往使人产生压抑感，因此也不赞成过多使用，否则会使页面设计过于暗淡。比较理想的方法是多用柔和、明快的浅暖色调。

3）背景与图片、文字颜色对比不强烈

人眼识别色彩的能力有一定的限度，由于色彩的同化现象，色与色之间对比强者易分辨，对比弱者难分辨。背景与图片、文字颜色如果对比不强烈，就会造成图片、文字不清晰，内容就没办法突出，整个页面也显得死气沉沉，不够明快和活泼。

4.3.5 页面文字风格的选择

在详情页页面中，文字表现与图片展示一样重要，它可以对商品、图片等信息进行及时说明，并且通过合理的字体风格、设计排版，让信息传播更加准确。

（1）文字字体的选择

文字字体形式多样、风格迥异，如何利用字体进行有效的设计与运用，是把握字体选择最为关键的问题。对文字的风格与表现手法有详尽的了解后，有助于文案人员进行字体设计。在详情页页面中，常见的字体有规则字体、不规则字体和特殊字体等。

结合案例看详情页中常见的字体效果,如图4-23所示。

图4-23 商品详情页常用的字体效果

在同一页面中如果字数较多的话,可综合使用多种字体,这种组合会因文字的大小、形态不同,塑造出强烈的个性,如图4-24所示。

图4-24 商品详情页综合使用多种字体的效果

另外,字体的选择还要符合详情页的实际情况。详情页的实际情况包括所展示的商品是什么,是偏重商品介绍,还是偏重活动促销。这些都对字体有特定的要求。

案例11

结合案例看详情页中常见字体效果。

比如，所展示的商品是男性运动鞋，就要用具有硬朗、粗犷、力量特征的字体，可采用黑体，或棱角分明的其他字体，大小、粗细巧妙搭配，有主有次，如图4-25所示。

如果所展示的商品是年轻女性用的包包，则用具有飘逸、俊细特征的字体比较好，以突出女性的秀美、线条感，如图4-26所示。

图4-25　根据目标客户特征（男性）选择字体

图4-26　根据目标客户特征（女性）选择字体

再比如，详情页中促销性的信息，字体务必要粗、大，使其更显眼，甚至可通过更改颜色、倾斜、变形等来进一步突出，如图4-27所示。

图4-27　详情页中促销性信息常用的字体

(2) 文字编排的要求

在文字设计中，文字的编排是多种多样的，而且不同的排列样式所带来的视觉效果也是不同的。根据设计的需要选择合理的编排方式，有助于整体信息的传达。

为了使创作出来的画面能够达到理想的视觉效果，文案人员不仅需要考虑文字的形态，还要考虑文字的编排，可适当地加入带有设计装饰性的元素，让文字更具设计感，提升画面的美观性。文字的编排要求大致有3个。

1）准确性

在商品详情页中，要使用简洁的词组来对商品各个特点进行介绍，让词组与图片产生关联，同时利用文字的准确描述提高顾客对商品的认知和理解。因此，文字编排的准确性既指文字的表述内容要符合详情页主题，又指整体排列风格要符合设计对象的形象。只有当文字内容与排列样式同时符合要求时，才能保证文字能够准确无误地传达信息。

2）易读性

所谓编排的"易读性"是指通过特定的排列方式，使文字能在阅读上给顾客带来通顺、流畅的感觉。在网店的页面设计中，可以通过多种方式来增强文字的易读性，如宽松的文字间隔、设置大号字体、多种不同字体进行对比阅读等。这些做法都能让段落文字之间产生一定的差异，使得文字信息主次清晰，重点突出。

需要注意的是，在文字编排时还应考虑它本身的结构特点以及段落文字的数量，例如，当文字的数量过多并且均属于小号字体时，就可以采用首字突出的办法来提升整段文字的醒目性。

3）审美性

审美性是指文字编排在视觉上的美观度。美感是所有设计工作中必不可少的重要因素。卖家借用事物的美感来打动顾客，使其对画面中的信息和商品产生兴趣。为了满足编排设计的审美性，可对字体本身添加一些带有艺术性的设计元素，从而增添其美感。

(3) 文字的创意设计

为了增强页面的可读性与趣味性，可以通过多种方式来提升文字在结构上的设计感及设计深度，比如运用图形、肌理、描边等辅助元素，不仅让文字的表现更加丰富，还可以打破传统编排布局上的那种呆板感。

1）利用设计元素辅助文字的表现

很多时候，常规字体过于常规化，以至于使制作出来的详情页缺乏特殊效果。但如果能巧妙地运用一些字体变化技巧，或者在字体中添加设计或修饰元素，辅助文字的表现，那么就能实现更好的文字创意设计效果。

2）立体字表现出强烈的空间感

立体字是在设计的过程中通过添加修饰形状或者阴影的方式，让文字产生空间感，再经过文字色彩及明暗的调整，使得文字的立体感增强。立体字的添加，可以让文字的表现力增强，同时也让画面的气势得到提升。

3）连体字让文字整体感增强

连体字就是通过寻找字符之间存在联系的笔画，通过特定的线条或者形状将其连接在一起，制作出自然、流畅的文字效果。尤其是详情页标题文字，头图上的文字，如果通过将部分笔画进行连接，把文字紧密联系在一起，使其呈现出一个完整的外形，更显精致与大气。

4.3.6 分割技巧的准确运用

没有分割的设计给人的第一感觉就是作品尚未完成，文字密密麻麻，毫无节奏，大小对比和主次关系毫无章法。就像一篇文章没有段落和标点符号，这使消费者阅读起来非常困难，主次难分，而且容易疲劳。

同理，在详情页中也是如此，一个详情页中有很多构成，同时也有很多关系和对比。为了使各个要素合理区分，并使它们之间的关系得到协调，使商品与图片、文字搭配效果更合理，信息更清晰易读，可在不同板块间添加分割线，以使整个详情页美观大方，重点突出。

分割线样式有很多，但都是由3个最基本的类型延伸出来的，即实线、虚线以及装饰线。

> **案例12**
>
> 下面结合案例看3类分割线的效果图，实线、虚线、装饰线在详情页中的应用分别如图4-28、图4-29、图4-30所示，分割线的方向多为横向、纵向或斜45度方向。

图 4-28　详情页中的实线

图 4-29　详情页中的虚线

图 4-30　详情页中的装饰线

只要明确了分割线的基本类型，再加上足够的创意，就可以设计出多种多样的分割线。需要注意的是，这里的重点不是分割线的类型、走向，而是明确在什么时候用。只有懂得了在什么时候用，才能用得恰到好处。

分割线通常在以下3种情况下使用。

（1）美化页面

通过分割线让页面更加丰富，让页面更加整齐、协调，以至于看起来不那么单调，这种分割线没有实际意义，主要起到装饰、美化的作用。

案例13 结合案例看分割线美化页面的效果，如图4-31所示。

图4-31 带有装饰性作用的分割线

（2）引导阅读

分割线可强化页面中信息的逻辑关系，如先后顺序、主从关系等，让观看者第一时间看得懂，阅读起来更加方便。这类分割线大多有实际意义，需要配合着简单的文字说明，目的是引导消费者进一步了解详情页内容。

案例14

如图4-32、图4-33所示,分别带有"产品展示""内部隔层功能解析"的分割线,在详情页中可起到引导阅读的作用。

图 4-32　带有引导阅读作用的分割线1

图 4-33　带有引导阅读作用的分割线2

（3）凸显重要信息

还有一些分割线，目的是把页面中的关键信息凸显出来，如用线条把关键信息框起来，可以突出画面中重点的地方，使其与其他非重点内容区别开来。

案例15

分割线在详情页中可起到凸显重要信息的作用，如图4-34所示。

图4-34　有凸显重要信息作用的分割线

当然，分割线并不是一定存在，有许多优秀的详情页中并没有使用分割线，但同样被分割开来了。这是因为设计者用了一种与分割线类似的技法——分割画面，即利用背景色、图片或文字间的留白来达到页面的自动分割效果，让原本杂乱的画面看起来简约、干净、有设计感，在视觉上更加吸引人。

案例16

结合案例看分割画面法的效果,如图4-35所示。

图4-35 详情页中的分割画面法

因此,设计中不能缺少分割,但如何巧用才是关键,巧用分割能使设计更有档次感。

4.3.7 移动端H5详情页制作要点

目前,在移动端使用最多的一种详情页是H5(HTML5)页面,这是一种集文字、图片、音乐、视频、链接等多种形式于一体的页面,丰富的控件、灵的动画特效、强大的交互应用和数据分析,能高速低价地实现信息传播,非常适合用于手机端来展示、分享内容。

对于HTML5,其中HTML指超文本(页面内包含图片、链接,甚至音乐、程序等非文字元素)标记语言,是标准通用标记语言下的一个应用;"5"是指第五代重大修改。随着移动互联网的发展,H5技术已经在移动设备端得到极大的开发和应用,如H5化的App、微信小游戏。与原生App、游戏相比,H5化后更有针对性、有灵性,便于用户的操作和使用。因此,H5成为当下电商抢占移动端营销的利器,比如用于企业宣传、活动推广、产品介绍、会议邀请、公司招聘等。

典型的是淘宝在"双12"推出的预售推广H5专题页。

案例17

比较典型的有淘宝在"双12"期间推出的一组预售专题活动,该活动以H5的形式展示产品。设计师运用H5技术,将不同页面图巧妙组合,单个图形元素的遮罩、旋转与整体页面的动势配合极为默契,让观看者在观看的同时,轻松实现摇一摇、重力感应、擦除、3D视图等互动效果,如图4-36所示。

图4-36 淘宝"双12"期间推出的H5专题页

H5技术最显著的特点是通过标记符号来标记要显示的网页中的各个部分。网页文件本身是一种文本文件，通过在文本文件中添加标记符，可以告诉浏览器如何显示其中的内容，如文字如何处理，画面如何安排，图片如何显示等。同时，这些也都可以动起来，如图片、文字、设置的按钮以及其他细节等。因此，H5页面具有很多优势，对于买家来讲互动性强，对于卖家来讲便于修改。

（1）互动性强

与以往简单的静态广告传播图片不同，H5活动运营页的互动性更强、质量也更高，其独具话题性的设计使用户乐于分享和传播。

案例18

中国民生银行合肥分行使用H5技术开发了一款"幸运大转盘"游戏，基本做法是先把所有元素切成不同的小块，每个小块都由不同的图案组成，然后再将它们重新组合起来，通过CSS动画来让它动起来。如图4-37所示，只要用户点击"我要抽奖"，转盘即可自动转起来。

图4-37 "幸运大转盘"游戏截图

（2）可以直接调试和修改

较之原生App、游戏等的页面，H5页面还有一个优势就是可在网页上直接调试和修改。目前，大多数微信小游戏都是基于H5开发的，运营者可根据自身需求随时调试和修改。仍以中国民生银行合肥分行"幸运大转盘"为例，如果需要对奖品的设置进行修改，即可通过后台程序进行设置。

使用H5技术优化详情页优势还有很多，如快速输出静态页面，增加动画、音乐、音频等。因此，有能力的运营者，建议尽量使用这种技术，对于不做微信营销的企业也是一样的，可以做H5页面、App等。从技术的角度来看，页面H5化后传播速度快，开发成本也相对较低，用户访问时也更便捷，通过微信等移动端即可直接跳转，有助于流量的转化。

如今市场上有很多专业的H5制作软件，诸如MAKA、易企秀、兔展、人人秀等。这些软件中大部分都有现成的模板，利用这些模板，可以直接编辑，或只需稍加简单地编程即可完成。

以MAKA为例，针对不同行业、场景等，MAKA有海量的原创模版，免费帮助用户创作H5作品，其资源优质，更新迅速。用户可根据场景需要选择相应的模板进行编辑，有海量模板供用户自由选择。

作为文案人员需要会综合运用多种制作工具。下面请大家在日常实践中，试着用MAKA、易企秀、兔展、人人秀这四个软件分别做一份H5页面。然后分析总结出各个软件的特点、优势、劣势，分析模板如表4-3所列。

表4-3　H5制作软件分析模板

名称	特点	优势	劣势
MAKA			
易企秀			
兔展			
人人秀			

第 **5** 章

电商外部推广文案标题的拟定方法

电商外部推广文案，较之商品详情页文案，最大的不同就是文章的结构不同。商品详情页文案可以理解成"单页的电子型目录"，而外部推广文案更像一篇文章，要求有标题、正文、结尾等。因此，撰写外部推广文案要注重标题，用标题来吸引消费者的注意力。

5.1 标题的类型

标题代表着一种文风，要想写出好的文案标题，就要让标题独树一帜，富有特色。文案人员必须明确各种标题的特点，把握每种标题的拟写规律，并结合自己优势，形成某一类型的写作风格。下面就来看一下常用的几种文案标题。

5.1.1 爆炸式标题

爆炸式标题是电商使用最多的一类标题形式，优势是可在最短的时间内，最大限度地吸引消费者眼球，激发消费者阅读兴趣。

流量就是销量，时间就是效益，对于电商企业而言，迅速抓住消费者注意力和兴趣点才是最重要的。产品的文案如果凭标题就能吸引用户，甚至引爆网络，那么产品销量无疑就会提升很多。爆炸式标题在引流、销量提升上有很多优势，正如其名，这类标题关键在于一个"爆"字，与其他文案标题相比，更有冲击力，给读者惊奇或震撼的感觉。

那么，文案人员如何在标题中设置"爆点"呢？众多优秀的文案都是在迎合消费者的4种心理，如表5-1所列。文案人员按照消费者的这些心理进行写作，最后根据这些心理特点，设置相应的"爆点"。

表5-1 文案标题应迎合的4种消费者心理

心理	文案举例	具体分析
好奇心	《月薪3000和30000的消费观念，差别就在这！》	3000和30000：先有对比，后指出差别是什么，可激发大多数人的好奇之心
共鸣心	《网红零食大盘点，样样都想让你想晒朋友圈》	晒朋友圈：很多人在遇到好吃、好玩、好看的后可能都要发朋友圈，"晒朋友圈"容易引起大多数人的情感共鸣
功利心	《9块9包邮！12.12"剁手党"开拼了》	9块9包邮：追求物美价廉，是大多数人的共同心理
愉悦心	《搜罗全国好味道，和你吃遍全世界》	吃什么不重要，关键是大家乐于看到这样的信息，符合大多数人的心理预期

据此可以总结出，爆炸式标题最容易引发消费者关注的4个"爆点"，即好奇、共鸣、功利和愉悦。

5.1.2 话题性标题

社交媒体上，传播效果好的文案，往往都具备很强的话题性，把文案和热点话题整合到一起，整体的传播效果更好。互联网、移动互联网时代的营销，流量和话题是两个必要条件。流量代表传播，代表潜在消费者；话题代表热度，代表关注度和讨论度。如果文案标题中带有重大、热点话题，就意味着有了关注度，有了被口口相传的可能。

案例1

每年4月23日是世界读书日，"读书""教育"，这类话题覆盖的受众很广，由此可以引申出很多话题，如读书的作用和心态、教育公平、家庭教育、个人成长等。图书类电商当当网就很好地利用这一话题进行营销，如图5-1所示为当当网在世界读书日的营销文案标题。

世界读书日，当当书香节重磅福利：111本书，独宠一人！

2019-04-18 17:00

图5-1 当当网在世界读书日的营销文案标题

话题性标题可能只是简单的一句话，却蕴含着巨大的能量。因为话题性标题大多带有一定热度，很容易带来关注，引发更多人参与。有的使用话题性标题的文案甚至能够引起强烈的社会反响，引发消费者对社会重大问题更深入的思考。

话题性标题，可以调动大多数人的参与性，因此，是笔者拟写标题时最常用的一类。然而，这类标题在具体实战中却不会那么简单，难点在于如何筛选话题，选择的话题不应时或不符合人们的心理预期，反而会影响文案的传播。

那么，如何来选择呢？首先要确定大方向。话题的范围很广，笔者通过对2017年、2018年两年间各大重要平台上的新闻、软文等文章标题进行词频统计，筛选出了5类热点词，具体如下。

① 生活类：影视、体育、娱乐、股市，以及大众的生活日常。
② 传统、重大节假日类：春节、中秋节、"双十一"、圣诞节等。
③ 周期性的会议、赛事类："两会"、博鳌亚洲论坛等。
④ 国家重大政策类：关注度比较高的房市、个税改革等。
⑤ 身份角色类：高考状元、影视明星、婴幼儿等。

在所有热点话题中绝大部分涉及以上5类热点词，当然，这并不是说只要用了以上热点词，文案就一定成为热点，被关注。一个事件或话题能否形成连锁效应，引发较大的社会反响，还需要符合以下3个条件之一，如图5-2所示。

图 5-2　事件或话题形成连锁效应的3个条件

互联网时代的文案人员，必须对时事热点有高度敏感性，并能在第一时间将热门事件转化为话题。文案人员要围绕自己所要推广的产品进行软文写作，通过媒体渠道传到网络，趁网民对于此事件和流行词的新鲜度还在，抓住网民的眼球，达到推广效果。

只要能将最热门的话题、事件、人物、流行元素、新闻等嵌入标题，巧妙地与文案结合，给标题贴上热门标签，便可吸引消费者的关注。

5.1.3　故事式标题

与话题式标题不同，故事式标题要平和很多，着重点不在渲染而在"讲"

上，要实实在在把故事原委通过平淡的叙述讲出来，让消费者看到一个完整的故事。因此，故事式标题在运用的时候是有条件的，需要配以相应的内容，即假如标题讲了一个张三故事，那么正文也必须是围绕该故事情节展开。

因此，在拟写故事式标题时，必须注意以下3点。

（1）相对完整地表达故事时间

从理论上讲，一个完整的故事必须包含人物、时间、事件和结局四个要素，但故事式标题受字数限制，很难完整地体现出来。但既然是故事就必须具有故事的特征，一定要能相对完整地表达一个意思。

故事式标题的拟写公式，如下所示：

$$故事式标题=人物+事件$$

换句话说就是，标题要点明"由什么人，做了什么事"，如"那些年，我走过的弯路""一个襄樊汉子和他的世纪华峰装饰品牌梦想"。

（2）不能虚构

故事要求必须是真实发生的，不可以"欺骗"用户，文字是不会欺骗人的，通过一个个文字，消费者能够感受到故事的真假。具有事实依据的故事，感情充沛，情节真实、饱满，能瞬间感动人心，而虚假的故事即使编写得看似圆满，也仍会漏洞百出。因此，故事一定要真实，只有源于生活才能吸引更多的人关注。

（3）设置故事的亮点

故事标题虽然很短，只有几个或十几个字，但也一定不要过于平淡，应多设置一些亮点，或是人物，或是情景，总之一定要有足够的吸引力。也就是说，拟写的标题中要有吸引人的人或事，平淡无奇的故事是没有人愿意看的。

比如：文案《我与美女的甜美邂逅》，人物"美女"可能是个亮点；《那些年傍晚6点，你在电视机前等谁？》，吸引点在于记忆中的情景，"那些年""傍晚6点"等，这些亮点都足以保证吸引有相同感受、经历的消费者。

5.1.4 提问式标题

提问是人与人展开沟通的一种重要方式，很多善于交流的人也恰恰是会提问的人。

爱因斯坦曾经说过:"提出一个问题,往往比解决一个问题更重要。"解决一个问题只是知识技能的简单运用,而提出一个新问题则需要有创造性的思维。真正会沟通的人,必定是一个会提问的高手。而一些文案高手也特别擅长以提问的方式撰写文案标题。

提问题是一个非常简单的方法,用在文案的标题中,可以激发消费者阅读兴趣,促使其进一步思考,让对方跟着文案人员的思维进行回答,从而引导对方融入互动中。那么,把这种技巧运用在标题中也特别合适。

为什么这么说?主要是基于以下两点考虑,如图5-3所示。

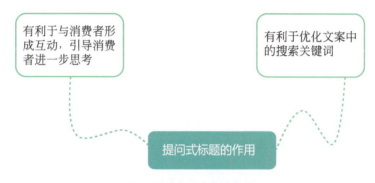

图5-3 提问式标题的作用

(1)有利于与消费者形成互动,引导消费者进一步思考

为什么要设置提问式标题呢?目的自然是希望提出问题后,消费者能够回答,以期达到双方互动的效果。还可引导消费者进一步思考,激发消费者的阅读欲望。任何一种问题,当被提出来时消费者都会在心中给出自己的答案。无论什么样的答案,正确与否,都会使消费者产生进一步论证的欲望,而这个谜底往往就在文中。

(2)有利于优化文案中的搜索关键词

消费者在使用搜索引擎时,大部分是为了寻找某一个问题的答案。而为了寻找答案,在搜索框中一般会输入"怎么做""哪里""什么样"等标志性词语。而大多数人的这一搜索习惯也正好与提问式标题相符合,所以,提问式标题更便于用户精准地搜索。

鉴于以上优势,为什么要用提问式标题就很好理解了。这样的标题往往能够得到人们的关注,从而还能让消费者产生兴趣,激发他们去思考,给消费者留下深刻印象,甚至还能让消费者参与讨论。

例如文案《怎样才能让肌肤在雾霾下依然光滑如初?》《怎么穿,才能穿出明星街拍的味道?》,这些文案能吸引人们阅读,就是因为标题迎合了年轻女孩爱美心切,追求时尚的心理,这也正是很多女人内心想问的问题。

那么,在具体实战中,如何拟写这类标题呢?拟写提问式标题需要掌握常见的提问方式有5种,如表5-2所列。

表5-2 拟写提问式标题常见提问方式

提问方式	内容	文案举例
封闭式提问	对所提问题的回复是"是或不是""有或没有""知道或不知道"等	《你知道滴滴里程可以做一件令人羡慕的事吗?》
选择式提问	先提出自己的意见和建议,同时给出对方特定的答案,让其在这个规定好的范围内做出选择	《高温?大雨?我们都要约!》《众筹,到底是骗子还是创新?》
强调式提问	似问非问,提问目的不是为了得到某个答复,而是旨在强调一个观点或立场	《如果有100万巨款在面前,你会选择行动吗?》
借助式提问	借助第三方的权威来改变或影响消费者的一种提问方式	《这些明星大咖用过的,真的不值得你试一下吗?》
诱导式提问	利用问题引导消费者思考,以达到激发需求,把对方思路引导到自己思路上来的目的	《究竟是什么新功能让小伙伴们赞叹不已?》

5.1.5 悬念式标题

每个人都有猎奇的心理,对那些未知的、新奇的或者充满悬念的东西往往表现出莫名地好奇。因此,用设置悬念的方式拟写标题能满足消费者的猎奇心理,从而引导消费者对文案产生关注。

案例2

例如,文案《关起房窗,就能将外界雾霾阻绝于门外吗?》,对于它的标题,很多人会第一时间想这个方法可行吗,或有没有一些方法可以避免雾霾,这正是很多人一直想解决的问题。而标题利用反问句式巧设悬念,正好迎合了消费者想看个究竟的心理。

再例如,巴黎欧莱雅在微信公众号中有这样一篇软文——《如何翻墙进入高端机密明星朋友圈?》。该文章可以说非常吸引人,因为标题有悬念,用反问的方式激发了人们的好奇心理。

悬念式标题的拟写方法还有很多,在拟写时一定要把握住"悬"和"疑"的关键所在,具体可从以下3个方面入手,如图5-4所示。

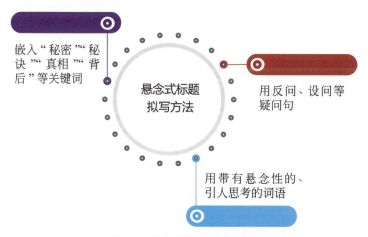

图5-4 悬念式标题的拟写方法

(1)用反问、设问等疑问句

想要让文案标题有悬念,最简单的方式就是打造一个疑问句。提出一个核心问题,抛给用户,通过反问、设问的方法,引起对方的注意。

提问式标题非常有吸引力,不但悬念意味重,而且还能极大地调动读者的好奇心。在标题悬念设置中,用设问的方式来设置悬念时要注意,提出的问题要有吸引力,不能太过简单幼稚,也不能太过神秘,令人无法理解。

(2)用带有悬念性的、引人思考的词语

为了突出悬念性,可以用些带有悬念性的、引人思考的词语,比如"原来是这样""万万没想到""据说""天呐"等。当然,标题字数不要太长,否则意思分层,读者难以抓住重点。

(3)嵌入"秘密""秘诀""真相""背后"等关键词

大家为什么爱看有悬念的标题?原因在于人们都有那么一点猎奇心理,愿意去探究那些好奇的、不解的事情。完全可以抓住读者的这种心理，在拟写标题时尽量多留些悬念，而秘密则是最好的"诱饵"。

用"秘密"来打造悬念性标题，是指在标题中加入一些神秘的色彩和秘密的元素，让用户去猜测或者带着这种猜测去阅读。康师傅牛肉面在微信公众号中就曾用过这种方式来打造文案——《论牛魔王身上3个不得不说的秘密》，看到这样的标题，大多数人都会很想知道牛魔王身上有什么不为人知的秘密。

5.2　给标题贴上个性"标签"

5.2.1　突出品牌精神和文化理念

突出品牌精神和文化理念是文案的最高境界，可能有人说，文案不就是帮助商家宣传、推广和销售产品吗？为什么要写精神、文化、理念的东西？如果你知道凡客诚品，那么你肯定不会忘记"凡客体"的广告语。文案宣传的是某种文化，而文化又体现在企业或者品牌核心上，好的文案每一句都应该是别出心裁，每一个符号都应该出乎读者意料却又让其感到理所当然。

宣传、推广和销售产品只是撰写文案其中一个目的，写文案不能把销售产品作为唯一目标，更不能将其作为最高目标。文案，关乎品牌精神、文化理念，文案要有利于建立品牌风格，有利于消费者对品牌和产品建立全方位、正确的认知。

因此，在写文案标题时不要单纯追求文句的华丽性和趣味性，而是要用"最容易理解的方式"来传达品牌精髓。为了突出这种效果，可直接在标题中植入产品或名牌名称。虽然这样做会让文案广告味十足，但在特定情况下不失为一种好方法。

比如，企业、品牌知名度高，产品已经积累了相对固定的消费群体等，在这些情况下，直接植入产品或品牌名称反而比含蓄的说法更容易吸引消费者。

> **案例3**
>
> 纵观那些优秀的文案,有很多直接植入产品或品牌名称,具体如以下三个。
>
> 红米Redmi全新独立品牌发布会,1月10日见
>
> 看屈臣氏如何专业救场,解"燃眉之急"!
>
> 看漫威年度压轴大片!特技炸裂高评分!

当然,这种植入不能太"硬",要自然地融入特定的需求中、情境中。提到产品或品牌名称的植入,不得不提《奇葩说》里马东那种特立独行的方式。他常常是以段子的形式,风趣幽默地讲出来,既能逗大家一乐,又能巧妙地与节目内容联系起来,丝毫不显得突兀。

《奇葩说》里的广告已经不是普通意义的广告,既能让广告主开心,同时又能给节目带来赞助,给观众带来笑料。虽然这不是软文植入,但这种方法非常值得借鉴,文案人员在创作时可以借鉴这种思路。

5.2.2 精准植入带有大流量的关键词

一个文案写得是否成功,关键看其转化率,即能否为平台引流,能否为商家带来流量。这是电商文案的独特之处,它不同于传统文案的主张(着眼于直接宣传、推广)。

> **案例4**
>
> 中国人寿保险(中国人保)为了吸引用户购买新推出的一种车险,在微信公众号中推送了这样一篇文案——《今年这么上车险,猜猜你能省多少?》,具体内容如图5-5所示。
>
> 这篇文案从标题上看就已经非常吸引人了,开篇的几个关键词则更是戳中某部分人的痛点。"堵车、雾霾、单双号!剐蹭、碰瓷、停车难!"这个开头可以说是直指人心,抓住了车主的多方面需求,相信每位车主面对这些都会倍感压力,都想要为自己省去一些麻烦。中国

人保适时地给用户呈现了一个促销活动,要为用户免费上车险、送大礼,这为用户提供了雾霾、限号、剐蹭、停车难等问题的解决方案。

图5-5　中国人寿保险微信文案

从上述文案不难看出,整个文案都在围绕着这里的关键词进行撰写,广告中心的内容部分均是针对开头的关键词进行详细描述。关键词原本运用在网络营销中,常被称为有利于搜索推广的优化精准词,特点是具备用户认知度最高的词、组合最自然的词与最直接明了代表某种商品的词。

在消费者难以耐心阅读大量文字的情况下,关键词就成了最简单、最快速的一种识别方式,它虽然不及图像给人的视觉冲击,但可以深刻补充图像缺失的"与自身联络感",并加深用户对广告的记忆力。

因此,在拟写文案标题时需要突出关键词,尤其是长尾关键词,目的就是强化引流作用。具体做法是植入热点、重点等大流量关键词,这样既可以强化文案的可读性,也可以让用户更快地搜索到,增加流量,因为搜索引擎展示搜索结果时往往会优先展示标题上的关键词。因此,撰写文案标题时至少要设置1～3个关键词,千万不要轻视这短短的几个字,每一个都如金子般珍贵。

案例5

某旅游网站计划做一篇宣传性的文案。笔者作为参与策划的人员之一,希望文案标题能营造一种"生活不止有苟且,还有诗和远方"的广阔意境。现在的年轻人都向往诗和远方,崇尚活在当下,自由自在、无拘无束,再忙也要挤出时间,来一场说走就走的旅行。

在标题的拟写上,笔者便采用了关键词法,以充分体现"诗和远方"这种意境。在提炼关键词时,可将整个过程分为三步,循序渐进、层层剥茧,逐渐确立最终的标题,如图5-6所示。

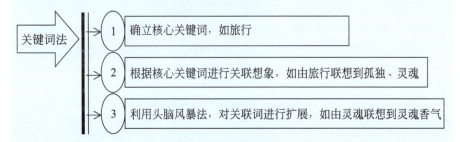

图5-6 关键词法步骤

首先,确定核心关键词,由于这是一则旅行网的文案,那么,核心词就是"旅行"。

其次,由"旅行"一词进行关联想象,这样的词就比较多。比如,远方、世界、岁月、自由、孤独、温柔、灵魂、足迹、遇见、说走就走、热泪盈眶等。

接着,再头脑风暴一下,在这些关联词的基础上进行扩展。比如,温柔可扩展为温柔以待,岁月扩展为岁月静好,灵活扩展为灵魂香气等。

最后,确定最终标题:《纵有全世界的孤独,旅行道路上也会散发出灵魂香气》。

这些神奇的词语,就像一支支箭,箭箭射中游客的心。将这些词排列组合,基本能够利用其写出大部分的旅游文案标题。现在来试一下,把其中一些词写在如图5-7所示的格中,然后进行自由组合。

图 5-7 关键词法自由组合示例

组合后的效果如表 5-3 所列。

表 5-3 关键词自由组合后的标题示例

关键词	标题示例
世界、温柔以待	《去旅行,全世界都会对你温柔以待》
遇见、岁月静好	《一个人的旅行,遇见未来的岁月静好》
孤独、灵魂香气	《纵有全世界的孤独,旅行道路上也会散发出灵魂香气》
说走就走、热泪盈眶	《来个说走就走的旅行,老了也会热泪盈眶》

5.2.3 对关键词进行有机组合

在提炼出关键词之后,又该如何拟写一个完美的标题呢?切不可认为只是几个词组的随意拼凑。标题的拟写需要认真构思和极度创意,要用一个富有创意的线把各关键词串联起来,否则,就无法很好地传递所要表达的意思。

案例6

纵观淘宝、京东、苏宁易购等电商台平页面，最常见的入口文案就是关于优惠活动的，如图5-8所示。

图5-8 优惠活动类文案

与优惠活动有关的关键词有很多，在具体运用时要根据主题进行分类，笔者归纳总结了一下，一个文案中通常有以下5种类关键词。

① 主语：狂欢、尖货、爆款、好货、精选。

② 限定词：限时、限量、全场、全店。

③ 价格：直降、立省、立减、第二件半价、满减。

④ 玩法：领券、红包、赠礼、免息、抽券、抽奖。

⑤ 氛围词：火爆、火热。

将这5类关键词排列组合，就可以轻松写出很多优惠活动类文案标题。单品优惠力度很大的时候可以直接突出价格，比如：iPhone 8直降1200元，55寸电视1999元抢。在拟写文案标题时，可以按照以下方法对多个关键词进行组合

（须根据真实活动）。

突出价格优势可采用：全店满返，全场2件5折，低至5折，5折起，不止5折。

加上活动玩法就可以说：抢券立省800元，抽奖赢多重豪礼。

所以，文案标题往往就是多种关键词的组合，当然，这种组合也讲究一个优先级，尽量先考虑价格，这个对用户是最直观的；其次再考虑抽奖、送礼等玩法；如果前面两个都没有突出的亮点，再推商品的其他卖点。

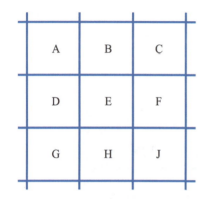

图5-9　关键词有机组合九宫格法

对关键词进行有机组合，有一种非常实用的方法：九宫格方法。具体做法是先将产品每个优势、亮点或卖点罗列出来，缩减成一个字或词组，这个字或词语要能精准地概括每个优势、亮点或卖点，如A、B、C、……，然后分别填写到九宫格中，如图5-9所示。

众所周知九宫格，是由横竖各4条线，垂直交叉形成的9个等分空格。每个空格各填写一个产品优势、亮点或卖点。然后，向任意方向延伸横都可得到一组关键词，从而组成完整的一句话。比如，以A为原点，水平方向有ABC，垂直方向有ADG，45度角方向有AEJ。

如果该产品的优点较多，也可以对九宫格进行成倍扩充，但值得注意的是，一定要以9为基数，如图5-10所示。

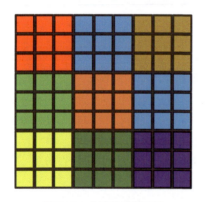

图5-10　九宫格法的延伸

案例7

图5-11所示是利用九宫格的方法，对一款儿童保暖羽绒服进行的分析。不过，需要注意的是，在使用这种方法时需要坚持一定的原则，根据商品特性以及买家需求，对所分析出的优点进行取舍，找出最准确的词语。

熊耳朵	熊拉链	熊刺绣	记忆棉料		抗污	防绒布料	压线工艺	不掉色
帽子图案	卡通	可爱	手感舒适	防水		多层里布	不钻绒	有内衬
口袋图案	袖口图案	天真	顺滑	耐脏		走线防绒	针线精准	无针孔
透气好	易压缩	含绒量高	卡通	防水	不钻绒	配毛衣	春夏必穿	款式新
手工填充	轻柔	告别臃肿	轻柔	卡通图案儿童羽绒服	时尚	百搭	时尚	
	易穿戴	修身裁剪	保暖	易穿戴	易清洗	保暖	颜色多样	
鸭绒毛	蓬松性好	帽可拆卸	防夹拉链	下收摇摆		可机洗	防水	防油污
90%含绒	保暖	随温调节	松紧袖口	易穿戴	有弹力		易清洗	可毛刷
	隔绝性好	挡风暗扣		有内衬			不变形	可晾晒

图 5-11 儿童保暖羽绒服九宫格法实操

不会写文案标题的人，标题是写给自己看；会写文案标题的人，标题是专门写给目标对象看；最会写文案标题的人，标题同时写给目标对象与搜索引擎蜘蛛（Spider）看。因此文案标题中出现的商品名称要完整（包含品牌/中文/英文/正确型号），方便谷歌、百度等搜索引擎读取。因此，对关键词进行有机组合很重要。

5.2.4 善用"第一人称"

文案标题的拟写原则上不涉及人称，如果确实有必要，最好用第一人称。如我、我们，咱、咱们（咱、咱们不是严格意义上的第一人称，但正确运用可收到同样效果）。第一人称，是一种直接表达的方式，容易拉近与消费者的心理距离，让消费者产生强烈的认同感。

案例8

某游乐场开展关于"六一"儿童节的微信公众活动，活动文案题目最初，如图5-12所示。

图5-12 某游乐场儿童节文案截图

文章刚一发布我们就决定删除，原因是标题中第二人称"你"用得不合适。

后经再三考虑，认为"我们"比较合适，在此处第二人称带有指责、责备之意，言外之意是对消费者说，你不来我们这里玩，就是欠孩子，对不起孩子。这样的表达极不合理，容易引起消费者反感、厌烦情绪，有的消费者甚至会留言：你多虑了，我的孩子很快乐，我不曾亏欠过他什么。

反之，如果用第一人称，则完全可以消除这些消极、负面影响。"六一到了，我们欠孩子一个惊喜吗"，其中"我们"一词，一方面可以委婉地表达我方（游乐场）的这次活动是献给孩子的礼物，另一方面，也无形将孩子的父母拉到与我们的同一个"战壕"，意在告诉父母们：我方（游乐场）欠孩子一个惊喜，你是不是帮孩子领了呢？悬念中……

使用"你"和"我们"在本案例中表达的不同含义，如图5-13所示。

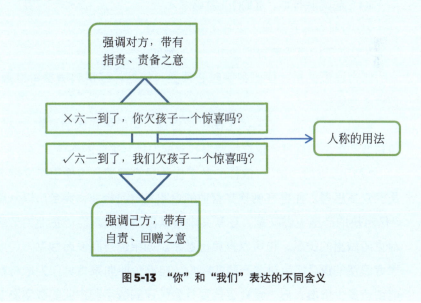

图5-13 "你"和"我们"表达的不同含义

5.2.5 巧妙利用数字

数字最有说服力，很多人也喜欢用列举数据的办法证明自己。企业家喜欢数字，因为那可以明确彰显企业经营业绩；经济学家喜欢数字，因为那能凸显他们的专业水平；普通大众也喜欢数字，因为数字最直观，他们也愿意相信数字。在我们周围，几乎可以看到各式各样的数字，天气指数、消费指数、价格指数、幸福指数等。

数字的价值无处不在，围绕数字所做的文章近年来非常流行。而对文案人员而言，数字也有十分神奇的作用，在标题中引用数字，可以让所表达的信息更直接，让消费者一眼就看明白，更易接受。

例如香飘飘奶茶的广告语：香飘飘奶茶一年卖出三亿多杯，能环绕地球一圈，连续七年，全国销量领先。

> **案例9**
>
> 某旅游网App上采用的文案标题，大都涉及到数字，具体如下。
> 99%的人都没去过，这里比西藏还美！
> 10个超美旅行地，1000元就够了？
> 2019年去哪儿跨年？这6大圣地美到炸
> 100元无门槛优惠券派送中，点击领取
>
> 值得注意的是，使用数字时必须要有依据，经得起消费者推敲，效果才会更好。
>
> 例如，曾看到一篇名为《国家粮食局：中国每年因浪费损失2亿亩耕地产量》的文章，这样标题很容易成为社会关注的热点。
>
> "2亿亩耕地产量"，这样的数字描述足够震撼，也能引发文案人员的众多思考。如果开展软文营销的企业是食品行业，完全可以从这2亿亩耕地产量上做文章，在软文中可以自然地融入自己企业为节约粮食所做出的贡献，也可以推算出数字。如果这方面没有数字，可以思考浪费的这2亿亩耕地产量的粮食，自己企业如果将其作为原材料能创造多少价值，总之要让这些受社会关注的数字和企业的数字发生关系。

5.2.6 善于设置悬念

有人曾做过一个小实验，他在纸上分别写下两句有关圣诞树的宣传，让其他人选择会购买哪一个。

这两句话，其中一句是"出售新品——会唱歌的圣诞树"，另一句是"我拆开圣诞树的那一刻，惊呆了"。

结果，大多数人选择了后者，为什么？原因就是后者善于设置悬念，大大激发人们内心深处常有的对未知的探索欲、好奇心。这种设置悬念的形式运用很广泛，它有助于创设氛围、环境，展开矛盾，引出下文。

同理，在拟写文案标题时也可以利用这种方法，多设置悬念。研究表明，悬念总是比平淡的叙述更精彩，不仅能满足消费者好奇之心，激发阅读兴趣，而且还引发思考。

因此，在拟写标题时不要平铺直叙，可以利用一些小方法，设置一些悬念。具体的方法有4个，如图5-14所示。

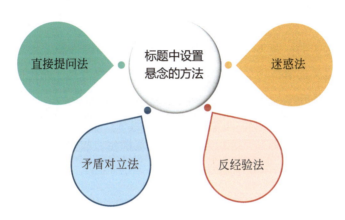

图5-14　标题中设置悬念的方法

（1）直接提问法

直接提出一个大家不知道怎样回答的问题，如：

为什么说互动是社群的生命？

为什么口碑落地是转化的关键？

销售的核心是筛选吗？

（2）矛盾对立法

矛盾对立法指将语义对立的词汇统一在一个人或事物上，造成矛盾，让人在无法理解中思考、阅读，破解迷惑。

（3）反经验法

人在内心深处总会积累各种经验，这些经验在我们头脑中根深蒂固。然而当读到一些句子或段落，发现获得的信息和经验截然不同时，人就会产生疑问——为什么会这样？

比如，一个广告的题目是"100–1=0"，人们平常经验上的认知是"100–1=99"，这种题目便会让人觉得非常奇怪。

又比如，装在套子里的人、下蛋公鸡、穿裙子的男人、六岁状元郎等，这些表述都属于这一类。

（4）迷惑法

迷惑法或运用修辞，或运用典故，或运用奇特的词语组合，让读者不明白作者要表达什么，要写什么，让读者看着标题或开头，一头雾水，激发读者的猎奇心理。

如一篇文章的标题是《太空清洁工》，读者就会想谁能上太空去搞保洁工作，到太空里又去清洁什么。读完文章，才知道，作者是运用比喻这种修辞方法，将一种能够清理太空垃圾的卫星比作太空清洁工。

总之在这里要强调的是，设置悬念不能随意，要力求合情合理，不牵强、生硬。所设悬念要简明、干净利落，不能枝蔓横生、故弄玄虚，以致读者眼花缭乱，甚至厌烦，从而失去悬念应有的作用。

5.2.7 对旧元素重新组合

美国广告大师詹姆斯·韦伯·扬曾说：创意就是旧元素的新组合。善于对旧元素进行组合，同时把产品巧妙融入进去，就可以写出非常有新意的文案。

案例10

如果为一芒果种植户写篇文案，事先要确定多个元素，比如船、树、天空、烟雾、江水、月亮、田野等。在这些基本元素的基础上，进行内容上的扩展和丰富，于是写成了这样的文案：

扎着马尾辫的小女孩，兴奋地向空旷的田野中奔跑而去。

原来田野的尽头是一条清澈的小河，她的哥哥，正站在河边渔船上等她归来。

"妹妹，你看，哥哥刚摘的芒果，可甜了。"哥哥笑着对妹妹说。

妹妹接过哥哥手里的芒果，扒开金黄的皮就大口吃起来。

"真好吃！"妹妹瞪着大眼睛看着哥哥说。

嘴角还流着芒果的汁液，蓝蓝的天空下，有小河，有渔船，有绿

> 油油的树木，还有哥哥和妹妹的欢声笑语。
> 　　有时候幸福就是这么简单，一个芒果和一个爱你的人就够了。
> 　　××芒果，成熟在8月，给你一个幸福甜蜜的夏季。

这样，一下子就使文案上升了一个档次，而且极具画面感和场景感，给人留下深刻记忆。文案对旧元素重新组合后，完全不会因一些常用的旧元素而让人感到枯燥，文案人员要能将日常生活中的常见元素重新组合成新的内容。

第6章

电商外部推广文案正文的构思技巧

  撰写文案必须先构思，构思是写作活动中一个必不可少的环节，是一个呈现系统性、由中心及层次的、由抽象到具体的思维活动。因此，在正式下笔之前要先精心构思，脑子里要有整体框架，根据框架写好开头，搜集素材，确立主题等，以定全文之基调。

6.1 两种最简单的开头写法

拟好标题之后接下来就是撰写开头，开头即是文案的第一句话。第一句话至关重要，是整篇文案的点睛之笔，决定文案的最终效果。有人将文案开头比作"凤头"，就是因为凤凰的头部往往是最漂亮、最吸引人的。

文案一定要有个好开头，否则消费者就没有继续看下去的兴趣。文案开头的写法不尽相同，有很多种方法，不同风格的文案需要有不同的写法，不同的人也会使用不同的方法。

6.1.1 间接法：抛砖引玉，点到为止

抛砖引玉，顾名思义是先将"砖"抛出去，然后把"玉"引回来。用在文案创作上，即是指先用一些新颖的观点、有见解的意见，或者有足够吸引力的文字片段、图片等作为开头，吸引消费者关注，然后以此为引子，激发他们阅读所有内容的兴趣。

比如，有的文案一开始就会用有趣、夸张、刺激性的文字、图片，目的就是迅速抓住消费者的注意力，引起他们足够的关注。只要消费者对文案开头有了兴趣，有了关注度，自然就有继续阅读的动力。

案例1

雕爷牛腩曾在微信中推出了这样一篇文案——《用4天环游世界，仅花10元（你也学得到）》。

文案是从伟大环球航海家哥伦布的事迹说起，哥伦布环游世界，在10年间4次横渡大西洋。接下来，文案没有写环游的经历和过程，而是着重写环游所花费的资金。哥伦布的环球航海花费了不少的资金，由于当时是西班牙王室支付的，因此对西班牙的经济来说，也是一次"大出血"。就在读者为哥伦布和西班牙皇室深深折服时，文案突然进行了大反转：

> "在吃货的眼里，探索世界等于发现美食。11月最后一个星期四就是感恩节，对于追崇绝对自由和极致体验的吃货来讲一天怎么够？牛腩君特别设立感恩日，带上味蕾环游世界吧，11月每逢周四，简餐加10元升级，尝遍世界各地美食。"

上述文案采用的都是间接的写法，成功规避了大多数人对促销信息习惯性的反感。

这种方法是电商文案常用的开头写法，随着消费者越来越理性，文字如果没有情感，没有温度，很难打动对方。除此之外，用间接法撰写文案开头还有很多具体方法，如图6-1所示。比如，利益法、话题法、故事法等，目的就是调动消费者在消费前对产品的关注、兴趣。

图 6-1　间接法撰写开头的具体方法

（1）利益法

绝大部分人看文案都是带有一定的目的性、功利心，通过阅读文字、图片，希望从中获取对自己最有利的信息。因此，将"利益"作为抛砖引玉的一个点，是一种非常有用的方法。利益法最核心的就是找准消费者最关心的利益点，然后给予满足。

案例2

> 2019年春运期间，中国南方航空公司App上推出了一个机票秒杀活动："开年大促，机票秒杀"。活动文案开头就亮出"100元起，秒杀"宣传语，这短短几个字一下子就让消费者兴奋起来。接下来，文案为消费者呈现价格"秒杀"表格。比如：从北京到大连的飞机票，只需要210元；从北京到哈尔滨，只需要330元。

一句"100元起,秒杀"将价钱优势释放到最大,因为它面对的竞争对手不仅仅是其他航空公司,还有火车、汽车等交通工具,花火车票、汽车票的钱,享受飞机的服务,谁能不心动呢?

事实表明,用利益作为文案开头,可立即激发消费者对产品的兴趣和购买欲望,文案人员务必要掌握这种开篇写法。当然,也需要文案人员充分了解自己的产品,并紧密结合产品的卖点去寻找和挖掘。试想,南航的这篇文案如果不是在春运期间这个关键档口推出,所谓的价格优势也不会那么明显。

(2)话题法

话题法是指利用已有的,新近发生的,带有流量的重点、热点话题,为原本平淡无奇的文案制造热度,吸引他人的关注。

案例3

2020年3月26日,罗永浩正式官宣入驻抖音,并将在4月1日开启直播带货生涯。在其公布抖音账号后,其粉丝数呈指数级增长。而他的首秀,也是创下了抖音平台目前知晓的最高的带货记录,3小时销售额超出1.1亿元,观看人数累积达到4800万人。

之后,这一事件迅速成为网络上的热点事件,天猫商城上的一个宠物品牌就是看中了这一话题,及时与罗永浩合作。其文案中"罗永浩合作的第一个宠物品牌"这一句更是绝妙,巧妙与这一热点结合,短短一句话便戳中消费者内心,如图6-2所示。

图6-2 某宠物品牌抓热点式的文案

（3）故事法

故事文案比宣传口号式的文案，更具有画面感，通过故事能够串联一个个具体的场景，就如同在读者的脑子里放映一部短电影，让文字增加了一层视觉记忆，进而让宣传更加深入人心。开头讲故事用意很明显，即迅速抓住消费者的注意力。

案例4

支付宝在宣传支付功能时，文案中采用的就是讲故事的形式。列举了一系列小故事，一句话一个，非常简短，但代入感十足。其文案如下：

坐过55小时的火车，睡过68元的沙发，我要一步步丈量这个世界（为梦想付出，每一笔都是在乎）；

千里之外每月为父母按下水电费的"支付"键，仿佛我从未走远（为牵挂付出，每一笔都是在乎）。

这种"讲故事"类型的情景文案，一直是支付宝最擅长的文案类型，同类型的还有很多，比如"支付宝我的十年账单有话说"系列的文案，支付宝钱包的"大银行有病，支付宝有药"系列，支付宝宣传亲密付功能的"一句话噎死你"系列，"支付宝偷懒日"系列，"支付宝春节六大劫"系列等。

支付宝对讲故事的情景文案情有独钟，除了支付宝以外，也有越来越多的企业和品牌选择尝试推出一些讲故事类的文案。例如，美的曾经推出的"不用换"系列文案，百度搜索的"每个问题背后是想做更好自己的心"系列等，都说明讲故事的文案已经成为一种趋势。

间接法开头方法有很多种，目的就是对文案进行外"包装"，当然，这个"包装"不能过于夸张，应该合情合理，围绕推广产品进行，同时在表达时，语言要生动有趣，符合消费者的阅读习惯。

很多文案人员忽略了这点，往往以为只要语言够刺激就可以。事实上，最忌讳的就是无中生有，人们对捕风抓影的东西总是会反感，甚至还会厌恶。

6.1.2 直接法：开门见山，直奔主题

如果间接法是一种比较含蓄的开头法，那么，直接法就是直接开头，第一句话就开门见山、直奔主题，告诉消费者文案主题、宗旨和核心。这类开头法好处在于能快速满足消费者需求，让消费者从中能获取明确的信息，比如产品介绍、产品优势、购买价格以及如何购买等。

案例5

雷军一直强调小米是为"发烧"而生，所以小米手机在广告文案中也沿用了这种主题，简单、直白地介绍手机性能。如图6-3所示的这个页面是小米商城官网上的一则手机文案，语言朴实无华，但该款手机的核心配置，比如6400万旗舰四摄、液冷游戏芯片，以及价格等无不体现在其中。

图6-3 小米商城上的手机广告文案

上述文案就是利用了直接开篇法，直接写"米粉"最关注的信息，以便消费者直截了当地了解产品信息。大多数消费者往往喜欢这种文案，因为不需要阅读长篇累牍的内容。

直接法开篇，第一句话一定要围绕为消费者解决实际问题。因此在利用这种方法时一定要注意语言和用词，不要赘述，要求必须精准地抓住产品核心卖点和优势，以最直接的方式传递给消费者。然而，在创作上往往是字数越少写起来越难，那么如何利用直接法写好文案呢？以下有3个技巧需要重点掌握。

（1）少用专有名词

为便于理解，文案中绝对不能出现专有名词，如果确实需要，那也要用通俗的语言进行解释。需要注意的是，在对专有名词进行解释时，不必局限于概念、技术原理等，可以采用比喻、对比、拟人等修辞手法，目的是让解释更通俗易懂。

比如，在体现电脑CPU的优势时，可以这样说："CPU是电脑的心脏，心脏越有力，就越能多快好省地做事情。"再如，在解释什么是1080p时，可以这样说："比720p更清楚，尤其适合大荧幕。"

（2）避免使用空洞的形容词

研究证明，动词多、形容词少的信息，在传播中更容易得到关注。华丽的辞藻不适合直接的产品文案开头，诸如高级、美丽、时尚、快速等形容应当少用。

试着比较下面的一组文案。

A：像糖一样甜。

B：甜过初恋。

显然，B文案好，虽然没有形容词但仍让人印象深刻。形容词对整句话所要表达的中心思想并没有太大影响，提炼关键信息，首先剔除的就是形容词，形容词一定程度上可以视作"无效信息"。形容词有时是烟幕弹，可能会让用户更加迷惑，相比之下，动词、名词反而会更有画面感。

或者用详尽、具体的数字代替，因为描述越具体，消费者就越能了解到产品的好处、优势。比如：在描述手机开机快时，"快速地完成开机"不如"5秒钟完成开机"；在展现自己的团队优势时，用"专业的团队"，不如写"有10年实操经验、服务过××公司、获得过××奖"。因为快速、专业等这些词语都是模糊性的语言，而5秒、10年，以及××公司、××奖就非常具体，能让消费者从文字中直观地感受到该手机开机到底有多快，该团队到底有什么经验。

（3）避免无意义的文字

在介绍产品信息和优势时，必须有所侧重，即使产品很多特色、很多优势，也千万不可把所有的都罗列出来。那么该如何选择呢？这就需要结合本次销售活动的主题，以及消费者的实际需求，思考这个优势是不是本次活动所强调的，是不是最有利于促进消费者购买产品的。

用直接法开篇，确保每一句话对消费者都有意义，这是文案人员在使用这种方法撰写文案时必须注意的。

6.2 撰写文案应遵循的3原则

无论用哪种方法，最终目的都是为了把文案写好，某种意义上讲，方法并不是最重要的，重要的是在写作过程中要善于总结，从方法中寻找原则性的东西，然后用这些原则指导自己的写作行为。通常来讲，文案撰写的原则有以下3条。

6.2.1 明确目标受众

文案人员在正式撰写文案前，必须明确受众是谁，结合目标消费者去写，这是最基本的原则。只有明确了目标受众，才知道写什么；只有明确了目标受众，写起来才能思路清晰、主题突出；只有明确了目标受众，写出来的效果才能促进产品销售。

案例6

假如写一款与咖啡有关的文案，首先需要明确目标消费者是怎么想的。对于咖啡，有的人关注味道，有的人关注提神效果，针对不同的人写法也不一样。

打个比方，有这样两位消费者。

甲：女性白领，喝咖啡是为了享受休闲的时光，所以平时非常注重咖啡的味道；

乙：加班族，为了工作经常熬夜，喝咖啡是为了提神，因此十分注重提神效果。

对于甲这样的消费者应该突出味道，文案就可以这样写，如图6-4所示。

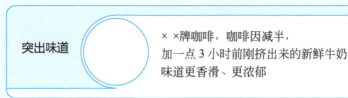

图6-4 突出咖啡味道的文案

对于乙这样的消费者，则应该突出提神效果，可以这样写，如图6-5所示。

困了累了喝××牌咖啡
双倍咖啡因
喝一口，24小时无眠

图6-5 突出咖啡提神效果的文案

由上例可以看出，面对不同的目标消费者，文案写法应该不同，甚至还可能大相径庭。正如例子中甲、乙两位消费者，由于不同的需求，决定了文案的描述截然相反，一个要求咖啡因减半，一个要求咖啡因双倍。假如没有对目标受众进行明确，写出的文案不但无法促进消费者购买，还可能起到阻碍作用。所以，在写文案前，明确目标受众非常重要。

那么，应该如何确定目标受众呢？可从以下3个步骤入手，如图6-6所示。

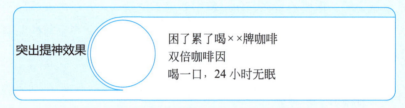

图6-6 确定目标受众的3个步骤

（1）分析产品的功能与特点

在确定目标受众前，先分析产品的功能，有什么特点，适合哪一部分人群的需求。在明确产品特点的基础上，先定位目标受众的大体范围，然后再对其做减法，一点点缩小范围，剔除没需求的，留下有需求的，直到找到精准客户。

仍以上面的咖啡为例，首先需要明确哪些人会喝咖啡，可能是白领（消磨时光、提升品位）；可能是生活、工作压力大的人（常常熬夜，已对咖啡形成严重的依赖，就像对烟一样）；可能是咖啡爱好者（一种爱好，没有特定原因，1000个人可能有1000个不同的理由）。

在以上分析的基础上，再结合具体的产品特点，比如，香滑的咖啡适合案例中的甲，浓咖啡适合乙。

（2）分析目标受众的购买力

购买力是决定消费者是否购买产品主要因素，文案是为了促销产品，所面对的潜在消费者一定要有消费能力。例如，蓝山咖啡口味浓郁香醇，略带酸味，苦涩味少，适合甲那样的白领，但蓝山作为咖啡中顶级品种，一般的白领难有这种消费能力。

这样一分析，即使产品理论上适合消费者的需求，那这部分消费者也可能不是目标受众，因为其未必有相应的购买力。

（3）分析渠道与目标受众是否吻合

文案是通过特定的渠道进行传播的，因此，在确定目标受众时，还需要考虑到渠道因素，考虑目前所拥有的渠道能不能覆盖到目标受众。比如：在百度贴吧上推广产品，但是目标受众群体从来不逛贴吧，更喜欢看知乎；或者，文案人员写了一篇微信软文，但目标受众已经迷上了短视频直播。

综上所述，确定目标受众需要全方位进行分析，从产品到用户购买力，再到渠道，这是一个相对完整的流程，缺一不可。

6.2.2 狠抓痛点需求

痛点即是痛苦的点，痛点需求即消费者使用产品或服务过程中，感到痛苦而又无法解决的需求。

在撰写文案时，必须抓住消费者的痛点需求，因为只有痛点需求才是最能引起消费者注意的。不要预设每个人都会对产品的全方位感兴趣,文案只需向其展示一个点即可,而且这点要能解决他们目前遇到的困惑与问题。

比如,撰写一个卖平底锅的文案,很多文案人员的焦点会在材质上,如大理石的、陶瓷的。其实,这就是没抓住消费者的痛点需求,因为无论什么材质对消费者的触动都不大,或者根本没有任何触动。要知道大多数消费者的痛点在于这个锅"是不是好用",比如每次煎鱼都糊锅底,如果产品能解决这个问题,自然会吸引大多数人。

因此,在撰写关于一个平底锅的文案时候,开头不如这样写:"每次煎鱼都失败吗?"或更进一步问:"煎鱼失败觉得很丢脸吗?"提问之后再进行宣传:"大理石平底锅,不粘锅底,让你每道菜完美上桌。"

同理,写电暖气类的文案,不是去强调它是怎样发热的,描述发热方式没有意义,描述发热温度与速度才有意义。因此可以这样写:寒流再强也不怕,三分钟让卧室像温室。

卖食品的文案,不要去强调做法是什么,用料多实在,而要说明食物是否健康,在什么时候吃最适合吃。

文案只要抓住消费者痛点需求,那么就成功了。在如何抓痛点需求上,笔者总结出一个非常实用的方法。其实就2个问题,如图6-7所示,只要能回答出这2个问题,基本上可以轻松抓住消费者痛点需求。

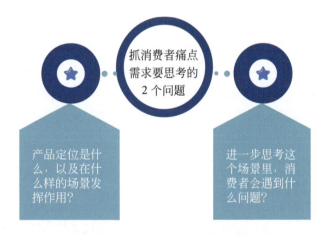

图6-7 抓消费者痛点需求要思考的2个问题

在具体实战中可试用以下3个做法,下面分别以实例分析。

（1）问一个消费者心中在意的问题

对于不同类型的产品应提问不同的问题，比如：

① 运动方法或保健品：试过很多方法还是瘦不下来吗？
② 居家托婴：找不到让你安心的合法保姆吗？
③ 清扫用具或清洁服务：过年大扫除觉得很麻烦吗？
④ 沟通课程：遇到爱问隐私的亲戚，不知道该怎么回话吗？

（2）描述该场景里的使用样子

比如，专为设计人员所开的文案课程，可以这样写：

每次一打开Word，总是不知道该如何下笔，面对空白的档案，自己的脑袋也是一片空白，老板总是早上给企划，下午就要交文案，连产品介绍都没给，看同业的都写得很好，自己却写不出来，心里不断地想：我明明是应征设计，为什么要一直写文案？

（3）直接说明对消费者的帮助

比如，甜食类的文案，可以这样写：

爱吃甜食的你，还在为热量而烦恼吗？专为爱吃甜食的上班族，所设计的低卡零食包，由拥有十年经验的专业营养师设计，有巧克力的甜味却只有酸奶的热量，每包都含有一天所需的膳食纤维，不仅满足口腹，更照顾健康。

撰写文案必须贴合实际需求，不能只有天马行空的想象。这要求文案人员在文案撰写时，要站在客户的角度，以客户的诉求为出发点，更加贴合受众的利益，不要让客户看了文案以后有一种夸大其词的感觉。

6.2.3 引发情感共鸣

文案因文案人员的创作能力不同，写法大致可以分为3个层级。第一个层级是非常直白地写，即直接形容和描述事物；第二个层级是视觉化写法，即把抽象的变成具体的、把难以理解的变成可被感知的；第三个层级是共鸣式写法，即把具体的事物，变成用户可以感受的情感。

好的文案都是第三个层级的写法，是可以引发情感共鸣的，如果创作者与读者的情感产生了共鸣，其文字、思想和观点就很容易被对方认可。因此，在撰写文案时，文案人员除了要抓目标消费者的痛点需求外，还必须坚持另一个重要原则——引发情感共鸣。

优秀的文案人员都善于激发读者情感，以引发对方与自己情感上的共鸣。引发情感共鸣就是找到读者最关心的地方，一旦讲到了他们最敏感、最在乎的地方，就很容易让听众感受到情感共鸣。

因此，在文案撰写过程中，必须坚持做到"引发情感共鸣"的原则。那么，具体该如何做呢？

（1）开头设计一段短小精悍又紧扣主题的句子

比如，在文案开头设计一段短小、精炼又紧扣主题的句子，或者使用名人名言，引领文案，凸显文案主旨。

案例7

> 某品牌的香水，在宣传文案的开头上引用时尚教母香奈儿的一句名言："不洒香水的女人是没有未来的。"香奈儿，法国时尚教母，其创立的品牌在全球范围内十分受欢迎，她的话也曾影响了无数时尚达人、成功人士和爱美的女性。
>
> 当这样一句话引用到文案中时，也很容易引发消费者的共鸣，因为很大一部分人对香水有着特殊的感情。一旦看到这样的文案开头，不禁会给自己一个心理暗示：我应该有一款属于自己的香水。

上述案例中这种写法既能彰显出香水的不凡之处，又引发读者情感共鸣，吸引读者继续读下去。

（2）善于运用文艺作品的经典台词与桥段

优质的文艺作品是最容易引起情感共鸣的，比如，音乐、歌曲、电影以及名人名言等。

比如，电影里的经典台词用在文案中就很好，如果把电影《当幸福来敲门》中的那句"如果你有梦想，就要守护它"加入文案中，就能很好地引发人们的共鸣，吸引人们继续阅读。

再比如，一些经典励志歌曲，也可以被运用在文案中，作为开篇第一句话，这样也能吸引人们阅读。如在某个爱情电影的文案中，第一句话就采用了李健的那首《传奇》中的经典歌词——只是因为在人群中多看了你一眼，巧妙地引发了消费者的情感共鸣，从而继续阅读。

所以，文案人员要根据产品、服务的特性以及文案的情景来对那些能够引发消费者共鸣的名句进行选择。

（3）选择正确的情感出发点

引发消费者情感共鸣，核心就是对情感的运用，而在具体写作时需要对情感加以选择。通常来讲，支持、批判、反击和鼓励这4种情感最容易引发共鸣，如图6-8所示。

图6-8　易引起情感共鸣的4种情感

1）支持

现如今很多年轻消费者，经常被指责"太傲慢""太浮夸""太幼稚"，所以有些文案就直接在广告里表示"支持"。例如，阿迪达斯有个"这就是我"系列广告，其中有一句广告词就是：太不巧，这就是我。

这条广告情感出发点就是支持，其实是帮年轻人合理化了自己的行为。当一个人面临指责、怀疑和否定时，如果有人能唤起他们内心的这种情绪，然后站在他们这一边，想办法合理化他们的行为，他们就会在感情上认同对方。

2）鼓励

鼓励是一种积极的情感，很多文案都采用鼓励的形式，先让用户意识到自己错了，然后，鼓励用户克服自己内心阻碍。

一年一度的春节，回家是永恒的主题，因此，很多商家会开展一系列过年回家的情感类广告，文案都很感人。例如，有一则文案就是这样写的："爸爸妈妈一整年就盼着这七天，在你回家的前几周，他们就开始想到底该准备什么菜。但是我可能因为加班回不了家了。"

这时候用户内心的痛点是因加班忙碌，而回不了家的愧疚之情，而广告正是暗示用户主动去克服这种愧疚之感，这就是一种鼓励。

3）批判

社会上有各种不合理的现象，大多数人对这些现象非常厌恶，但很少人指出来。如果，这时有人把这些不合理现象指出来，并且进行批判，那么这个人就能赢得更多的人的尊重和信任。

在文案创作中，为了引起更多人的情感共鸣，可以借社会上不合理的现象进行批评，从而赢得有同类感觉的人的支持。

案例8

老罗英语培训是罗永浩和他的教师朋友们主持的一家英语培训学校，虽然这所学校已经闭门大吉，但他曾经的一则广告文案却被人记住。文案中这样写道："人民币一块钱现在还能买点什么？"一个包子，两根黄瓜，三个鸡蛋？其实都不能。随着社会的发展，一块钱能买到的东西越来越少，人们对此深有体会，看到广告便很容易产生共鸣。

文案最后一句是点睛之笔："或者一块钱，你也可以来老罗英语培训听八次课。"这无疑会让人们对课程的价格产生了好感，一块钱，八节课！通过数字的对比，用户会觉得很超值，可以试试看。

4）反击

朋友借钱不还、室友太烦人、司机没礼貌、上司太苛刻等，类似的这类事情在生活中很常见。如果有人在文案中能直接帮用户反击这些行为，会让他们产生实际体验了一把的愉悦，然后就会引发共鸣，对对方产生好感。

当然，用这种方式写文案，要及时了解目标消费者的内心，只有打动内心，才能是真正引发用户共鸣。

6.3　文案素材的搜集

文案人员的创作思路、灵感，很大一部分来源于素材的积累。要厚积薄发，当素材积累到一定程度，创作思路和灵感往往是手到擒来。因此，掌握一套有效的资料收集方法非常重要,本节主要写收集资料的工具和方法。

6.3.1 用好搜索引擎工具

随着互联网的发展,大量引擎工具应运而生,而通过引擎工具则可轻松便捷地获取海量的信息,这大大提升了资料搜集的效率。如今,虽然大部分人都会用搜索引擎工具,但未必能用好,"会用"和"用好"是截然不同的。

细微处见真章,很多关键信息往往就体现在最不起眼、最容易忽略的细节处。但同一搜索对象,为什么有的人能搜到更有效的信息,而有的人却搜不到呢?

搜索引擎就像一个智能机器人,或者理解为智能爬虫,它会根据用户输入的指令在它的数据库或关联数据库里自动搜索,挖掘出与输入指令高度匹配的信息。所以,运用关键词搜索时,精准选择关键词非常重要,越精准,搜到的信息匹配度越高。

那么,如何精准地抓关键词呢?这也是有方法的。

(1)头脑风暴法

利用头脑风暴法可以列出关键词语或问题清单。当一个文案人员对文案进行策划时,第一步需要做的是找关键词,在这个步骤里需要发散思维,列举好多问题与关键词,越多越好。

> **案例9**
>
> 假如要写一份关于企业培训项目的文案,文案中需要简要描述一下市场容量、发展趋势、政策支持、竞争现象等,让消费者能在一分钟内对整个行业有个轮廓性的、数字化的概念。
>
> 那么,当接到这个工作时,文案人员的头脑里就应该马上出现一大串关键词,例如:培训、企业培训、企业内训、企业培训政策、企业培训市场、企业内训规模、企业培训发展、企业培训行业数据、企业培训公司排名等。

列出关键词语或问题清单,最常使用的是头脑风暴法。所谓头脑风暴,就是无限制地自由联想和讨论,其目的在于产生新观念或激发创新设想。时间往往很短,但非常重要,在这个环节需要保持高度专注,并且大脑要处于高速运转,任由天马行空,不断地发散……在思绪中,在笔尖或鼠标的滑动中,文案人员不断地记录下一个又一个关键词,紧接着便可以对关键词进行组合,到百度、搜狗、搜狐等平台进行搜索了。

这里再强调下很重要的一点,在思考、或讨论的过程尽量避免被不必要的人和事情干扰,因为一旦中断很有可能前功尽弃,这也是头脑风暴法的核心所在。

(2)关键词组合法

这个方法可以不断缩小关键词范围。关键词搜索大致可分为单个关键词搜索法与组合关键词搜索法两种,其实这两种方法是一个不可分割的整体。要想得到足够细化、精准的信息,往往需要先单个关键词搜索,然后再组合关键词搜索。组合关键词搜索是单个关键词搜索的"二次加工",当然对于比较简单的信息,也可以只使用单个关键词搜索法。

案例10

仍以上面企业培训项目文案为例,当确定了"企业培训"这个关键词后,就可以对其添加前缀或后缀,然后再次搜索,这时就会搜索出不一样信息。

例如,行业政策+企业培训、市场容量+企业培训、企业培训+内训、企业培训+规模、企业培训+发展现状、企业培训+规模+发展现状、企业培训+规模+2018年总收入等。

把这些组合关键词,一个个在搜索引擎上输入,便能搜到各种形式的相关的信息。

在利用搜索引擎时还有两点需要格外注意,一个是关联搜索法,另一个是使用不同搜索引擎进行搜索。

(1)关联搜索法

这是一个很多人会忽略,但非常实用的一个技巧。比如在360搜索中输入"互联网+运营",会出现一系列与此关键组合词有关的信息条,如图6-9所示。

图6-9 "互联网+运营"在360搜索上的搜索结果截图

在相关条目的下,有几行关于"相关搜索"的内容(图片下方方框部分),请不要吝啬注意力,筛选合适的关键词点击进去,也许就会发现重新搜出来的内容别有洞天。这是关联性搜索的一个方式,能够很好地弥补关键词设定的不足,帮助文案人员更有效解决难题。

另外,在阅读搜索引擎搜出来的信息时,文案人员也许发现这些信息未必是自己想要的。那么,这时就要运用大脑,根据这些信息再延展一下,重新设定更准确的关键词,这也不失为一个很好的"关联搜索法"的应用实践。

(2)使用不同搜索引擎进行搜索

出于不同的商业目的和企业信条,各搜索公司的搜索规则和定位都不太一样,并且他们之间存在非常强的竞争关系,各平台间的数据库也是相对独立的。在百度搜不到的信息,在搜狗也许能搜得到。因此,同一关键词,多尝试几个不同的平台,往往会有意想不到的收获。

6.3.2 展开调研,搜集数据

关键词搜索很简单,几乎是零门槛,但缺点在于由于关键词蕴含的信息量非常有限,搜索时搜索引擎匹配度也不会太高,因此也很难搜到比较完整、经权威机构统计分析,或者已被整理好的信息和数据。更多的时候,信息都是分散的、凌乱的,需要策划人员重新整理、归类和分析。

如果想获得统一、整体化信息和数据,还有一种方法,就是实地调研取证,尤其是数据类信息,搜索引擎上的数据具有滞后性,最好是自己亲自调研或实践,才更有说服力。在调研前可先设置好一个表,借助关键词,找到对应数据,并填满表。填满后，再运用一定的图表分析或数学分析方法，对数据进行图表化、统一化分析处理。

> **案例11**
>
> 笔者之前写过一篇《微信公众号文章最佳推送时间》这样一篇文章。显而易见，写这样一篇文章，需要掌握每周7天，每天24小时连续推送，目标用户的阅读数据。那么，该如何来获取？
>
> 第一步，先列一个表，清晰地列出所需的数据类型：阅读人数、阅读量。具体如表6-1所列。
>
> 表6-1 目标用户阅读数据
>
> | 数据类型 | 周一 | 周二 | 周三 | 周四 | 周五 | 周六 | 周日 |
> | --- | --- | --- | --- | --- | --- | --- | --- |
> | 阅读人数/人 | | | | | | | |
> | 阅读量 | | | | | | | |
>
> 然后，通过关键词组合"时间+阅读人数"，分别计算出不同时间段的阅读人数，以及某文章的阅读量，并逐一填好，如表6-2所列。
>
> 表6-2 不同时间段阅读人数
>
> | 阅读人数 | 0点~1点 | 1点~2点 | 2点~3点 | 3点~4点 | 4点~5点 | 5点~6点 | 6点~7点 | 7点~8点 | 8点~9点 | 9点~10点 | 10点~11点 | 11点~12点 |
> | --- | --- | --- | --- | --- | --- | --- | --- | --- | --- | --- | --- | --- |
> | 白天人数 | | | | | | | | | | | | |
> | 晚上人数 | | | | | | | | | | | | |
>
> 整合完这组数据，就会发现阅读高峰期集中在周五、周六、周日，具体到某一天，又有不同的时间段。然后，只需要再借用Excel画一个曲线图，看看一周之内哪天哪个时间段阅读人数最多即可。如此，便可以非常有说服力地表达"微信公众号文章最佳推送时间"这个论点。

6.3.3 多阅读新闻或深度文章

用好搜索方法，基本能解决百分之九十的素材问题。不过，文案人员也许会感觉在某些专业领域，以及文案的观点上，高度始终不够。可以多阅读相关的新闻或自媒体平台上的深度文章。这些文章多出自行业大咖、意见领袖、高校专家学者，以及民间高人之手。他们的理论、观点、见解既有正统的精华，也有独门的创新，阅读他们的文章，无疑是一次深入的交流，虽然互不谋面，但绝对可以开阔文案策划人员的思路，激发灵感。

策划非常依赖灵感和创意，一旦没了灵感，没有了创意，就像鸟儿离开树林，鱼儿离开水，失去生存之源。但灵感哪里来？不是所谓的灵光乍现，而是多阅读、多积累，多从高手那儿汲取养分。

那么，这些深度文章在哪里才能读到呢？这就要熟练使用垂直领域的知识库或平台。这些知识库或平台又可以分为3个类型，如图6-10所示。

图 6-10　知识库或平台类型

（1）问答类平台

问答类平台集聚了大量的专业人士，专门解答提问者的问题。搜索相关的历史问答，兴许就能找到不少让人醍醐灌顶的观点或评论。

（2）文库类平台

典型的就是百度文库，平台上有许多个人的文件资料，看上有价值的，花非常少的费用或积分就可以换取。这会大大提高整理文案素材和提笔写文案时的效率，为策划人员节省不少时间。

（3）网盘、网云类

近几年，由于云技术的发展，很多人会把个人的工作学习资料都放到网盘上，其中不乏许多热心者，会免费分享给他人。

以上几种搜索方法，早已深入笔者的骨髓，用得炉火纯青，帮笔者处理了一件又一件的文案。通过这些方法收集到有效的信息越多，对后面文案提笔便越有支撑，这会是一个很不错的开端。当然了，正如前文提到的，往往搜集到的这些资料或信息，都是散的、凌乱的。如何将这些有用的资料、信息，整理成有规律、有逻辑、可呈现的文案数据或内容，就是另一个要解决的问题——正文的构思和撰写。下面将会对这部分进行深入解读。

6.4 文案主题的确立

6.4.1 电商文案的4种主题

文案需要有明确的主题，或叫主旨。所谓主题、主旨就是该篇文章所要表达的思想、观点和中心意思。也就是说，写这篇文章目的何在，想要向读者传达什么样的信息。主题，是贯穿全文的主线，它犹如串珠子的线，将每粒珠子紧紧地连在一起。

有人会说，文案的主题当然是营销了，这样说没错，但严格地讲这并不是主题，这只能说是撰写文案时的一个起点，或落脚点。但具体到一篇文章中时就不能这样认为了，否则千篇一律，还如何体现差异，吸引消费者？因此，在具体的文章中还需要确定不同的主题，以微信营销为例。

微信营销文案的主题通常可从以下4个方面去定位，如图6-11所示。

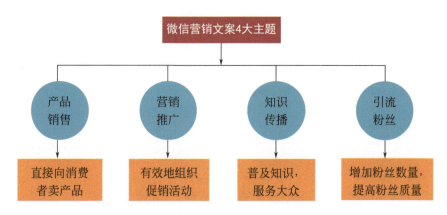

图6-11　微信营销文案4大主题定位

(1)产品销售——直接向消费者卖产品

文案最主要一个目的即是对产品进行展示、宣传,让更多的消费者认识、了解,进而购买。因此,很多企业首要任务就是将微信打造成一个品牌、产品宣传的平台,所发布的文案也都时刻围绕着自品牌、主打产品,及相应的服务进行。

案例12

美丽说经常在其公众号上,以文案的形式直接售卖服饰。内容基本都是以产品展示和功能介绍为主,如图6-12所示,是一新款卫衣的文案。

图6-12 美丽说产品销售类文案

(2)营销推广——有效地组织促销活动

与微博、QQ一样,对于企业而言,微信也是一个营销平台,可借助这个平台用文案来展开营销活动。在微信营销中,文案在组织产品的促销活动,扩大产品在消费者心中的影响力、知名度方面有着重要的推动作用,如举办产品发布会、在节假日搞促销活动等,都可以先写篇文案。

利用文案搞促销，最大的优势是可以充分利用读者的碎片化时间，同时以图文并茂、声音、图像等形式综合性地去展示。如果再加上好的创意，将视觉享受与购买行为完美地结合在一起，则更容易让读者"一见钟情"。

案例13

蘑菇街在2020年五一劳动节期间，利用公众号文案进行了促销，这便是其中一篇以促销为主的文案，如图6-13所示。

图6-13 蘑菇街活动促销类文案

（3）知识传播——普及知识，服务大众

文案既然可以成为企业产品展示、促销的工具，那么是不是可以进一步设想，如果把它定位成一个供消费者学习、交流与沟通知识的工具会不会更好？如果这样，企业便可以更全面地展示自己，更深入地与粉丝交流，强化粉丝对企业、产品的忠诚度。

目前类似的做法非常多，很多企业努力将自己的公众号平台打造成一个知识聚集之地，向消费者推送相关知识。这是符合趋势的，因为消费者看文案不仅仅只是为了购买需求，还有获取信息、体验乐趣，或想了解与产品有关的知识等。

案例14

十月呵护是一个专注孕期健康服务的App软件，它常用漫画的形式，诙谐又幽默地讲述母婴孕产的医学知识，从怀孕到育儿，轻松学习孕育经验，温馨陪伴新爸新妈每一天。其公众号上大多文章都是以普及知识为主，如图6-14所示。

图6-14　十月呵护知识传播类的文案

（4）引流粉丝——增加粉丝数量，提高粉丝质量

在互联网，尤其是移动互联网时代，粉丝逐渐成为一个热词。无论是网站，还是自媒体都在"拼"粉丝。因为粉丝就意味着巨额的利润，有了巨大的粉丝量，就有了巨大的盈利空间。

因此，经营网站、网店，或者是自媒体平台都必须将重点放在流量上，以扩大流量规模、提升流量层次、丰富流量内涵为主要经营方向。

微信及其公众号价值的变现，一定首先是流量的变现，微信作为移动互联网时代的产物，是一个新的流量宝库。遗憾的是，这座宝库目前被开发得极不充分，只有少数先知先觉者享受了流量带来的红利。

那么，如何扩大流量呢？最常用的一个技巧就是引流。即通过发布文案，来集聚粉丝，提高自己的人气，然后再将这些粉丝引流到自己的淘宝店、微店，及某些特色店铺中，从而达到扩大销售的目的。在这个过程中文案充当着重要角色，起着重要的引流作用。

案例15

我们来看看唯品会是如何来通过文案实现引流的。

《双品购物节，4月最后疯抢》是唯品会公众号上的一篇文案，如图6-15所示，点击后则直接进入相应的购物店铺。其实，这就是通过文案实现店铺引流的例子。

图6-15 唯品会引流类的文案

6.4.2 选择写作视角，更好凸显主题

文案能否受读者欢迎，能否真正助营销一臂之力，关键就在于文案是否有足够的创意。而决定文案创意的往往就是写作视角，角度决定创意，只有先确

定写作视角,并找到其特性、与同类文案的差异性,才能确定创作方向,写出别具一格的文案。

电商文案一般有3种写作视角,分别为产品视角、目标消费者视角、第三者视角,如图6-16所示。

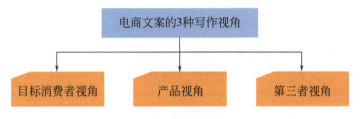

图6-16 电商文案的3种写作视角

以一个装修公司为例,如果该公司想写一篇宣传自己的文案,可从哪些角度入手呢?

首先是人的角度(目标消费者视角),可从业主的视角来写,如《装房子装来一个准女婿,目前婚礼筹备中》。

其次,也可以从物的角度(产品视角)去写,如写装修的材料、房子本身等,这样的文案也经常看到,如《你不知道的硅藻》《50平方米的房子这样装,空间大了一倍》等。

最后,还可以从第三者视角去写,如媒体、同行、厂商、销售商家等,这类文案往往不会直接涉及企业信息,但可通过文字、图片、音频等方式植入到正文中去。

任何一篇文案都可以从以上3个不同的视角去写,且同一视角还可以继续细分。如《装房子装来一个准女婿,目前婚礼筹备中》,这是瞄准了业主的情感方面,其实还可以写业主的装修体验、经历、经验总结等方面,这样一来就又可延伸出更多的文章。

那么,如何选择文案的写作视角呢?通过以上分析得知,在构思文案时,可着重从物、人、第三者3个方面去考虑,当然需要结合企业的实际、产品的特征以及客户需求进行。

(1)什么情况下适合以产品视角来写

通常情况下,有特定产品的,或者产品较有特色的,采用以产品的视角去写,即围绕产品本身去写,如产品的产地、价格、品牌影响力、特色以及其他优势等。

案例16

炎炎夏日来临，优衣库上市了一款全新的夏凉服，以活力舒服、新体验为最大卖点。优衣库公众号上这则标题为《AIRism舒爽内衣，入夏清凉开售！》的文案，内文则直接以图片的形式展示产品，配以简洁的介绍功能的文字，如图6-17所示。

图6-17 优衣库以产品视角撰写的文案

这篇文案围绕产品去写，直接彰显了衣服的特色，这类文案目的就是为了突出产品特色，宣传自己，让用户了解这款产品的功能。正因为产品具有新、奇、特的特点，直接写出来更能让用户切身感受，在好奇心促使下，很多用户会选择购买。

（2）什么情况下适合以目标消费者视角来写

以提供服务为主，或者带有较强体验性的产品，可以从消费者的视角去写。如银行、机票、酒店等服务性行业，养生按摩、美容美发、美食餐饮等方面的体验性产品等。

案例17

费列罗是意大利知名的巧克力品牌,全球盛名。2020年母亲节前夕,其微信公众号曾推送了一篇《这个节日,把最好的献给"她"》的文案,如图6-18所示。由于这篇文案完全是站在消费者的角度去写,启发读者感恩妈妈,从而紧紧地抓住了一大部分人的心理。

图 6-18　费列罗文案以目标消费者的视角撰写的文案

以人为中心,这样的写作视角更容易打动消费者,鼓励消费者参与到其中,从而带动消费。

(3)什么情况下适合以第三者视角来写

前两种写作视角,无论是以产品为中心,还是以消费者为中心,都带有一定的情感倾向。设想一下,如果一篇文案一味地讲产品如何好,企业信誉如何好,将很难有说服力。无论说得是否属实,都会给人一种"老王卖瓜,自卖自夸"感觉。如果事事要消费者现身说法,也会有"水军"的嫌疑。为避免这种情况,这时可以找一个更客观的角度来写,即第三者。所以在撰写时不妨以第三者的身份,站在一个置身事外的第三者的角度来看待、评判,从而客观地体现产品的优势和卖点,让用户产生购买的冲动。

案例18

小米粉丝又称"米粉",被誉为全网最忠诚的粉丝之一,小米公司每每有新款手机上市,这些粉丝都会率先购买体验,并纷纷献计献策,完善产品功能。因此,小米官方特别善于利用粉丝的力量宣传自己的产品。2019年年底,小米10上新不久,为进一步扩大曝光度,就在其公众号上,以粉丝的口吻,发布了一篇软文文案,标题为《小米10惊艳首发!米粉:再贵也买!》,如图6-19所示。

图6-19　小米手机以第三者视角撰写的文案

从第三者角度写文案的关键是客观、公正,不偏向、不袒护任何一方。尤其是在文字表达上不能表现出偏爱,也避免过多地发表自己的观点,过多地显示出自己的情感,否则有种以偏概全,以点带面的感觉,让读者质疑。

综上所述,撰写一篇文案可以从不同的视角去构思,结合自身条件、发布平台,以及目标群体需求选择最合适的视角,这样才能最大限度地发挥文案的作用,吸引更多的读者。

同时,也要注意一点,既然一篇文案可从不同视角,或同一视角不同方面去写,那么在具体构思时,自然也可以采用组合式写法,做成系列文案。即同一主题下,同时出现两篇,或多篇不同视角的文案,这样的组合文更有利于读者从不同层面去感知产品。

第 7 章

电商外部推广文案正文的写作技巧

正文部分是一则文案的主体部分,正文写得好与坏,直接决定着整篇文案的质量高低。因此,要想写出与众不同的文案,必须掌握正文的写作技巧,给文案贴上个性标签。只有有个性,独树一帜,别具一格,才能吸引读者。

7.1 讲一个好故事，写带有故事性的文案

7.1.1 故事在文案中的作用

故事是所有人爱看的，正如好看的影视剧，总是有各种各样的故事帮助观众快速融入剧情，并带领他们一步步渐入佳境，最后给出一个感动，或者意想不到的结局，让观众不能自拔，回味无穷。

讲故事同样适用于电商文案。在文案中加入故事，既能够让产品信息自然地融入文章中，又能够让文案更加有感染力，代入感，用户阅读时也容易对产品产生某种情感上的认同。

> **案例1**
>
> 　　自媒体大咖顾爷曾为阿里旅行写过一篇《疯狂的一亿元》的文案，这个文案曾经传遍朋友圈、微博等各大平台。而其采用的就是讲故事的形式，讲了一名穷困潦倒的作家，不料遇到了马云，拿到了神秘的一亿元……
>
> 　　故事的开头，顾爷就向读者明确交代故事的来源——"本文改编自马克·吐温的经典短篇小说《百度英镑》"，并且附上马克·吐温小说的图画。
>
> 　　这样的方式其实值得很多文案人员借鉴，可以借助或者模仿一些经典名著、小说来撰写故事软文。
>
> 　　接下来就开始讲述这个《疯狂的一亿元》的故事。
>
> 　　"我叫小顾，本来勉强算是个作家……后来为了赚钱，接了许多广告，最终被网友嫌弃，流落街头，身无分文……那天我正饿得发昏，四处游荡的时候，遇到了一个人……"之后，主人公莫名其妙地上了一个车，被带到了一个超级酒店，遇到了一个超级富豪，命运就此改变。部分内容如图7-1所示。
>
> 　　在酒店与超级富豪的相遇后，小顾收到了一个信封，富豪嘱咐小

顾回家后才能打开。

　　然而，他没有听，怀着好奇之心朝信封里瞄了一眼，发现是一张人民币，在饥饿催动下，小顾来到一处饭馆，想要"狂吃一顿"。就在付账的时候，才发现信封里是一张"一亿元"的钱和一封短信。富豪在信中说，要将一亿元的钞票借给小顾，并承诺一个月后归还的话，会给小顾一个职位。小顾当时内心复杂，不知道该怎么办，甚至有种被戏弄的感觉。

　　看到这里，读者会觉得这与《百万富豪》的剧情很类似了。然而转折点来了，饭店老板看到这张"亿元大钞"，决定给小顾免单。接下来，小顾在任何场所，只要拿出这张亿元大钞，称自己没有零钱，就能成功获得免单机会，后来还住上了大房子，开上了汽车。这件事很快便传开了，各大媒体甚至称"古怪富豪喜欢扮成乞丐调戏势利商家"。为此，小顾出名了，被他光顾的餐馆、服装店等也都出名了。

　　服装店的老板甚至邀请小顾入股，但他没有这样做而是选择以自己的名义为服装店的网站筹款，并且约定筹款超出一亿元，剩下的钱与服装店老板平分。于是在两周的时间里，就筹到了三亿元。于是小顾真的就拥有了一亿元。按照约定，小顾回到了超级富豪的酒店，然后归还一亿元。富豪得知后很感动，认为小顾很诚心，于是拿出这一亿元在酒店里推出了一项全新的服务：阿里旅行。如图7-2所示。

图 7-1　《疯狂的一亿元》文案开头

图 7-2　《疯狂的一亿元》的
　　　　 文案故事结尾

该文案中的故事跌宕起伏,引人入胜,情节离奇,但又不失分寸,让人感到荒诞有趣,相信看这个小故事的读者都能从头到尾看完。点睛之笔是在结尾巧妙植入了阿里旅行的信息,然后引出阿里旅行的特点:信用住,先住酒店后付钱,退房不排队等。这也给很多读者一种自然而然被带入的感觉。

事实表明,故事在文案中的作用非常大,可以将文案作者和读者联系起来。站在读者的角度,大多数人在看一些乏味的文字时往往会走神。然而,当看一个故事时就会专注起来。同时,在阅读的过程中,读者还可以参与到故事中,从而思考更深层的问题。

7.1.2 文案中故事的特点

文案中故事又有其特殊性,与普通意义上的故事区别很大,比如,要高度聚焦,强调冲突矛盾等。因此,在讲文案故事时,需要文案人员深度了解文案故事的特点,从而根据特点去行文。那么,文案中的故事有哪些特点呢?具体如图7-3所示。

图7-3 文案中故事的5个特点

(1)高度聚焦主题

用十句话来讲述十个故事,远不如十句话都来说一个故事更好,因为人脑在同一时间,对高度聚焦的信息会有更深刻的印象。所以,文案故事需要有一个核心的主题,尽量把没用的信息删除,聚焦一个主题才能更好地吸引读者注意力。

(2)冲突转折要强

很多故事性文案之所以非常吸引人,让人欲罢不能,始终保持着看下去的期待感,其根本原因就在于其中的故事都具有强烈的冲突转折。平平淡淡的展现,对读者来说就像一碗白汤面,索然无味,而一个好的文案故事必须拥有人物、事件的冲突,以及情节上的转折,只有这样才能够充分调动读者的好奇心,产生主动看下去的欲望。

（3）找准情感诉求

情感诉求是一个好的文案故事所必须具备的特点，这会让读者与文案故事产生共鸣，或觉得此故事对自己有利。情感上的共鸣很容易促进消费者对某件事情的认可，进而激起购买欲望；而对自己有利或者有用的点，也是消费者极其看重的。所以，在文案故事中，让消费者在其中找到共鸣，找到这个产品对自己的好处，这将决定消费者是否会产生购买冲动。

（4）有具象的描述

文案中的故事不能抽象地讲，否则很难让人看下去，因此需要将抽象的故事具体化，用详尽的语言来描述，以更好地调动读者的求知欲望。比如，故事中如果出现了抽象的物体，可以利用读者熟悉的物品或食品进行类比，进行细节描写。

（5）符合目标读者的认知

文案故事与小说的不同点是，小说只需要调动情绪让其继续看下去，但文案故事却需要让读者相信文案中的话，对产品产生购买欲望。太过夸张或者违背日常事实的文案故事，会让读者失去信任，进而拒绝购买。所以，文案故事中的具体描述，必须要符合读者的认知和日常事实。

7.2 制造一点唯美的意境，让文案不再枯燥

7.2.1 唯美的文案能缓解压力

广告文案给大多数人的感觉就是枯燥，传统文案确实如此，但随着企业现代广告意识的增强，已经涌现出很多小清新类的文案，唯美、暖心，不仅读起来令人感到很放松，这些文案还能洞察读者的小情绪，在推销宣传产品的同时，满足一部分人的情感需求。

案例2

春天万物复苏,最适合做的事情就是亲近自然,找寻一丝精彩;而炎炎夏日,烈日当头,最适合的就是享受一段慵懒的时光。麦当劳上新了一款夏季椰饮,便围绕"慵懒"这个主题开始大做文章:赶走热意,让"慵懒"附体。如图7-4所示。

图7-4 麦当劳"慵懒"主题的文案

麦当劳的这则文案,从文案字体、内容表达、到视觉光影……没有一处不流露出慵懒之感。哪怕只看一眼,就会沉醉着迷,让人想要拥有这样的慵懒时光,慢慢品尝岁月静好。

唯美一点的文案,有帮读者缓解紧张、释放压力的作用。现代人,尤其是年轻人都面临着来自方方面面的压力,加班和快节奏生活带来的压力让人喘不过气。而善于打情感牌的文案,正是站在"压力"的对立面,提出缓解压力、释放自我的主张,为读者提供一个情感发泄的途径。

7.2.2 如何写出唯美的文案

那么，文案人员应该怎么做，才能写出唯美的文案呢？具体可按照以下3个思路去做。

（1）有明确的主题

唯美型的文案，辞藻比较华丽，但这不等于这类文案就是华丽辞藻的堆积。相反，所有的语言都必须围绕一个主题进行。这就需要文案人员在策划这类文案时，一定对主题有明确定位，然后根据主题去组织语言。

> **案例3**
>
> 雕牌洗衣粉曾有一则广告——《下岗篇》，其内容是以下岗女工和懂事、体贴的女儿为主人公，真实地再现母女亲情。
>
> 里面有一句略显稚嫩，但又十分催泪的话："妈妈说，雕牌洗衣粉，只用一点点就能洗好多好多的衣服。"广告中还有一句不禁让人心头一热的留言——"妈妈，我能帮你干活了"，再配上先哀婉后奔放的音乐，合情合理地体现了母女亲情的全部内涵。
>
> 这个文案在语言上极其有特色，突破了以往洗衣粉生硬地宣传其功效的传统写法，用亲情将品牌形象植入众多消费者的心中。虽然语言很唯美，但始终围绕亲情，母亲爱女儿，女儿感恩母亲的主题。

（2）植入时尚元素

时尚元素与唯美的文字就像孪生姐妹，总是同时出现，时尚需要唯美的文字来衬托，唯美的文字又离不开时尚这一元素。在文案策划时，植入时尚元素就要抓住用户对时尚的追求。

在文案中，加入时尚元素，首先在标题上就要打上"时尚"的烙印；其次，利用时尚影视剧中的信息，征服用户，吸引他们阅读、转发；第三，运用时尚的图片打造视觉效果，吸引用户。

> **案例4**
>
> 每年的圣诞节期间,很多商家都会根据圣诞主题做文案,而圣诞就是一个时尚型元素。例如,某商家就在微信上发表了一篇相关文案。标题中为《时尚,做一场关于橱窗的圣诞梦》。文案首先运用了时尚圈内的经典电影《蒂梵尼早餐》作为开篇,引出话题,同时使用了奥黛丽·赫本在《蒂梵尼早餐》中驻足在橱窗前的那个经典镜头,以此激发人们阅读这篇文章的兴趣。

(3)发送一些带有浪漫色彩的情节

所谓浪漫的文案,实际上并非要刻意围绕着产品去编浪漫的故事。有时候,发送一些与生活、心情有关的文字和图片,教读者去展望一种理想中的生活,也足以可以让用户喜欢。

> **案例5**
>
> 知名钻石品牌"钻石小鸟"在微信中推送了一个以"爱"为主题的文案:《生蛋快乐,爱是这个平安夜你伸向我的温暖掌心》。
>
> 由于正值圣诞节期间,开头幽默诙谐地采用谐音词,将"圣诞"写为"生蛋",这一下子就让文案在表达上提升了一个台阶。
>
> 接下来,又为用户送上了一首欢快浪漫的歌曲,随着美妙的音乐,"钻石小鸟"带领用户走入了一个充满爱的氛围中。文案中,"爱你就要和你在一起,温柔的低语""分享的喜悦,成长的陪伴,爱是懵懂""爱慕情深,暖若骄阳"等,句句暖心,寥寥数语就勾起青年男女心底久藏的那份对爱情的懵懂和向往。

因此,一个让用户产生心动并且行动的文案是多么重要,而这种浪漫的文案,正是每个用户所向往的。

7.3 巧妙借势热点话题或事件,顺势而为

7.3.1 抓住热点文案更容易获关注

社会上的热点事件、新闻或话题,永远是优秀文案所青睐的,纵观那些经典文案大多都善于借助热点话题或事件。

案例6

2017年3月23日晚,中国男足以1:0的比分战胜了韩国队,全国一片欢呼,腾讯手机管家第一时间根据中国男足战胜韩国队这一热点话题,策划了宣传文案,具体如下。

"守得住才能赢得稳!"

"有实力无所惧"

如图7-5所示。

图7-5 腾讯手机管家与热门相结合的文案

这样的文案是一种巧妙的借势。热门话题、新闻事件具有非常强大的传播力量，再借助互联网，这种传播速度和范围更是被放大了很多。将热门事件与文案结合到一起，更具有诱惑力和话题感。一来，可以让自己的品牌获得更多关注，二来也能因为热点的原因，让用户去关注和阅读。

借助热点话题或事件是写出优秀文案的一种捷径。因此，文案人员在写文案的时候，要善于抓热点，并完美地将热点事件植入到文案中。有时候哪怕是一些很小的热点事件，也能让文案富有时代性和话题感，轻易地获得更多关注。

那么，文案人员如何获取热点或事件？最有效的途径就是借助网络各种平台。网络上每天都有非常多热点，为了将舆论的趋势非常清楚地呈现出来，很多平台都会有热门榜单一类的功能，微博有话题热搜榜，百度有搜索热点和关键词排行榜，这些都可以及时反映人们的关注走向。推广可以借助热点，顺势而为，获得更高的推广效率。

7.3.2 文案与热点事件结合的方法

文案与热点事件的结合，不是随意地将两者捏合在一起，而是要有机结合，甚至达到完美融合的程度。因此，文案人员在写热点性文案时，要懂得运用一些方法、技巧。常见的有以下6种，如图7-6所示。

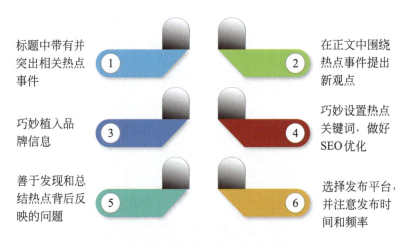

图7-6　撰写热点性文案时的方法

(1) 标题中带有并突出相关热点事件

众所周知，文案标题是非常重要的一部分，在大多数情况下可以直接影响读者，促使其产生阅读兴趣。因此，标题直接带有热点事件，可以非常迅速地吸引到一批读者，能够在短时间内收获较高的阅读量。

同时，还要在标题中突出热门事件。具体如何突出呢？最主要的方法就是提取热点中的重要信息。一般来说，频繁见诸报端的人名、地名、会议名称，以及确切的节假日时间、影视剧名、赛事名称等，这些能够第一时间触动大众关注点的信息，都可以成为文案标题。

当然，需要注意的是，写带有热点事件的标题并不是做"标题党"，不能生拉硬扯，勉强将热门事件和标题联系在一起。两者之间需要有一定的必然联系，这样才能形成一个紧跟潮流、别致新颖、充满吸引力的标题，既能够让大众产生阅读兴趣，也可以更加有效地传播品牌产品信息。

例如，电影《星球大战：原力觉醒》的热播，曾经引发一大波热潮。许许多多的星战迷们纷纷走入电影院观看这部怀旧制作。于是"星战"就成了当时的一个热点话题。联想就借助"星战"，很好地进行了文案创作，并在文案标题上加入了"星战"等重要信息，如《星战新角色登场，黑科技原力即将被唤醒！》。

在这个标题中，联想运用了热点词"星战"，同时将"黑科技原力"加入其中，让人从标题中就可以获得更多有价值的信息。

(2) 在正文中围绕热点事件提出新观点

在正文可以围绕事件发出新的观点，刻意引导读者在阅读的同时更深入地理解文案。热点事件与文案正文的结合主要分为纵向、横向两个方面。

纵向是深层次分析讨论热门事件中的事件和人物，对其背后的一些问题进行总结和探讨，看到事物的本质，将其分享给大家，共同交流；横向则是选择与事件相关的，但常人难以想象到的角度切入，发掘出事件中仍有讨论价值的点，让读者感受到新意。

无论采用哪种方式，文案正文与热点事件的结合，都必须着重于强化阅读体验，否则，读者对于植入广告就很难接受。

(3) 巧妙植入品牌信息

热点事件运用得再好，如果没有有效植入品牌信息，也是无用的。想要将品牌与热点自然地结合起来，可以从事件与品牌有联系、有共同点的角度来铺展内容，在内容中进行导入。这样既能保证文章的可读性，也可以天衣无缝地将品牌显露出来，让读者无法忽略这些推广信息。然而，其中的难度也是非常明显的，这考验文案人员创新能力和联想能力。

（4）巧妙设置热点关键词，做好SEO优化

关键词可以有效引导读者，读者借助搜索引擎能够迅速准确找到需要的内容，并进一步获知产品服务的相关信息，所以设置关键词时要进行一定的分类设计。在文案中，可以看到有核心关键词、辅助关键词和长尾关键词。

结合SEO（Search Engine Optimization，搜索引擎优化）相关特性设置关键词，需要注意如表7-1所列的4点。

表7-1　SEO设置关键词的注意事项

注意事项	具体内容
关键词的密度	出现频率过少不利于文案的推广，过多则会造成堆砌，影响阅读体验。究竟在多少范围内合适，需要结合具体的内容来确定，总之，并不是越多越好
关键词的热度和竞争度	通过搜索引擎可以知道词语的出现数量，数量越多热度越高，其搜索率和竞争度也相对越高，要想在降低竞争度的同时提升搜索率，要设置好关键词，太冷门、太热门的都需要慎重
相关度	相关度指的是搜索关键词后出现的页面内容是否与该词的内涵相匹配，要保证其相关度，否则会出现用户通过关键词进入页面却不愿点击阅读的现象
关键词的进入	引入关键词越自然，代表事件与品牌的融合度越高，一个自然展现关键词的技巧是采用问答的方式来带出关键词

（5）善于发现和总结热点背后反映的问题

在进行与热点结合的文案操作时，企业切不可盲目。对于热点事件一定要进行进一步发现和总结，从中看到深刻、有影响力的一面。只有在发现这些热点背后的问题之后，再发表自己持有的观点，才能引起人们的关注。即便提出的观点，可能有些人不赞同，那么这也没关系，因为这样至少会引起一定的争议，从而提高文案的关注度。此外，在引起争议的过程中，企业还不能就此高枕无忧，更应该及时改变，灵活处理自己的观点，以此来迎合大多数人的观点，这样对文案带来的销售成功也会有很大帮助。

（6）选择发布平台，并注意发布时间和频率

一般来说，在垂直行业中，企业可以选择本领域中较为知名、热门的头部平台进行投放，但大多数企业最好选择多个不同的媒体平台投放文案，做到多样化投放，将传播的范围扩大，同时也有利于SEO。通常来说，可以选择五六个平台同时进行发布。

另外，如果有SEO需求，那么最好每天都发布文案，如果不需要，也应该保持每周一篇的发文频率，因为文案推广要真正奏效并不是一朝一夕的事情，只有持续性、周期性地输出，才能从量变，变为质变。

要注意的是持续发布文案、投放平台也需要一定的成本，长期进行花费并不会少，企业必须意识到其必要性和性价比，做好投入预算。

综上所述，文案借助热门事件可以搭上快车，但这也并非易事，文案不仅要多结合热点，还需要正确借势热点，时间节点、文案创作、SEO操作和发布都是需要格外注意的。

7.4 产品描述"理性+感性"，让文案更有说服力

为了增强文案的说服力，必要时需要在文案内容中增加产品描述。事实证明，产品描述也是文案中不可或缺的内容之一。

有了产品描述，更有利于读者快速了解产品。那么，如何对产品进行描述效果会更好呢？一般来讲，分为理性说服和感性说服两部分，而且每个部分有不同的技巧。

7.4.1 理性说服

所谓理性说服就是以事实为依据，通过对产品的功能、特点、服务、优势等的陈诉来达到说服消费者购买的效果。也就是说，一定要让消费者看到产品的基本信息、产品优势。

当然，这种理性说服也是讲究技巧的，主要技巧有以下3个，如图7-7所示。

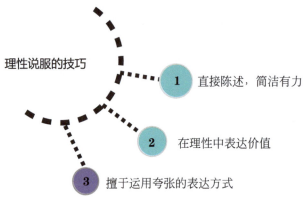

图7-7 文案中理性说服的技巧

(1) 直接陈述，简洁有力

消费者查看商品或服务的功能价值时是理性的，如他们要衡量行李箱的尺寸是否适合带上飞机，窗帘是不是自己想要的完全遮光的那款。所以当他们快速浏览页面时，文案人员就需要用精确简练的话来说明商品规格，卖点也要直接说明，这样才能让人迅速得到关键信息，从而能在宝贵的几秒内进入下一步。

案例7

某面巾纸品牌在描述一款面巾纸时，就用了"一纸三层"这种具体描述，来表达纸张柔韧这一特点，用"5张纸可吸干半中杯（100毫升）净水"，来体现"强力吸水、用纸更节约"的优点。文案中没有复杂、抽象的词汇，全部是直接陈述，简洁有力地将产品特点、优势描述清楚。

(2) 在理性中表达价值

清楚明了地展示商品的特色并不够，因为这样往往只是让消费者产生"哦，原来是这样"的想法，很难再产生进一步的行动。其实，这个时候还可以在后面加一句关于购买效果的话，告诉消费者这样产品可以为他们带来什么样的价值，让对方明确地知道在消费后的具体结果，看清消费后能获得什么样的实际利益。

（3）擅于运用夸张的表达方式

如果产品是以年轻一代消费者为主，为抓住这一部分人的注意力，或者在社交媒体上得到这部分人的主动传播，文案还可以采用夸张，甚至"魔性"的表达方式来描绘产品。

例如，某鸡饲料是这样写文案的：
"如果×××还没使你的鸡下蛋，那它们一定是公鸡。"

但需要注意的是，在使用夸张性的语言时，要避免模糊不清，不能让消费者读后有丈二和尚摸不着头脑的感觉。

例如，一个地产文案是这样写的：
"看不见浮华，正是价值所在。"

这样的描述虽然用了夸张的手法，但过多的形容词很容易让消费者感到困惑，反而选择关闭文案页面。运用夸张的表达方式，文案一定要少用形容词，要易于阅读，逻辑清晰。

7.4.2 感性说服

随着商品经济时代的到来，产品同质化现象日益加剧，仅仅以"理"服人的话已经不够了，所以在理性说服的基础上，文案更要注重对消费者心灵上的征服。

想要以情动人，同样需要技巧，具体有3个，如图7-8所示。

（1）把效果具体化

对于广告文案来说，如果想要提高产品的销量，就要尽量把一些描述具体化。比如，"为你省钱"可以变成"这次省下50元"，"帮你变美"可以变成"全面消除脸上痘痘"或"还你婴儿瓷肌"等，后者比前者更有说服力。

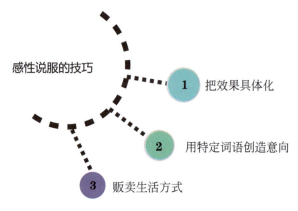

图 7-8　文案中感性说服的技巧

（2）用特定词语创造意向

把产品或服务与消费者的情感联系在一起，使其产生共鸣。人是善于想象的动物，当他们通过文案想起某种场景时，就很容易造成触动，从而激发起购买的欲望。古人已经为许多词语授予了特定的情感涵义，文案人员可以利用它们去打动消费者的内心。

（3）贩卖生活方式

撰写文案的时候，文案人员要站在消费者的角度而非自己的角度，想想消费者想了解什么，买这件东西的目的是什么，然后结合产品特性，通过文案使消费者相信产品能帮助他们进一步实现他们理想中的自己和生活。

例如：卖一件衣服时，要让消费者感到卖的不仅仅一件衣服，而是性感或品味；卖一台运动摄像机，要让消费者感到卖的不仅仅是一台相机，而是冒险、乐趣和自由的人生；卖一台榨汁机时，要告诉对方卖的是方便、健康的饮食方式。

案例10

某榨汁机的使用人群定位为白领女性。众所周知，白领朝九晚五，挤公交、坐地铁，一天的时间被安排得满满当当，心情有时候还很糟糕。如何让自己在高效工作的同时，享受一点生活的乐趣，可能是很多白领女性期望的。

该文案就抓了这些痛点，在文案中着重去体现便捷、美味和高效的特点，具体如图7-9所示。

> 明天起床后，你可以剥开一根菲律宾帝王香蕉，切开橙黄色的软糯果肉，把它丢进榨汁机里，加入鲜牛奶，旋转杯体，10秒之后就能喝到冰鲜爽口的香蕉牛奶，香蕉的甜蜜和温柔的奶香在嘴里碰撞，用好心情开启新的一天！
>
> 明早不要再去楼下买豆浆了，你未来一周的早餐是菠萝黄瓜汁、胡萝卜美颜汁、柳橙奇异果汁、柚子葡萄汁……以及特别来宾——黄金海岸蔬果汁！
>
> 你想一想这个场景：晚上你口渴了，喝开水太乏味，喝高糖饮料怕胖。于是你打开冰箱，全被新鲜的蔬果塞满了：飘着淡淡乳香的鲜牛奶、金灿灿的水仙芒果、冒着露珠的智利蓝莓、香脆酸甜的美国进口车厘子……你的脸被冰箱照亮，你的心情也被瞬间点亮，最奇妙的是，随便拿出几样东西，很快就能榨出一杯五彩缤纷的美味果汁，带着舌头环游世界！更重要的是，营养健康，热量不高，没有负罪感！

图7-9 某榨汁机针对白领女性而写的文案

在这则文案中，文案人员把每天使用榨汁机的各种场景都详细地描述出来，让读者感觉"哇，我要是有了它，生活会更便捷，身心会更健康！"，随之购买欲也会被激发出来，这就是描述"场景"的魅力。

7.5 营造文案场景，描绘的场景决定文案的价值

7.5.1 描绘场景，抓住消费者眼球

文案中除了需要梳理产品卖点，准确向用户传达信息外，另外一个问题就是如何抓住消费者。能否抓住消费者眼球是决定文案写得是否成功的一个重要标准，只有抓住了消费者眼球，才能让其快速建立对产品的认知，马上了解产品的优势，进而产生购买欲望。

而激发消费者购买欲望的办法就是为文案构建一个场景。所谓场景就是设计一个产品使用场景，让消费者通过场景进一步认识产品，当消费者遇到同样或类似的场景，脑海里能想到这个产品。好的场景文案就是这样的，不是高高在上地给消费者建议，而是像一个好朋友给出一个很棒的建议。

案例11

江小白的文案场景性就很强。江小白作为一种酒，文案人员设置了很多饮酒的场景，春天郊游时可以喝，朋友聚会时可以喝，一个人心情不好时可以喝……如图7-10所示。

图7-10　江小白场景式文案

除了描写正面愉快的场景，很多时候文案更聚焦于描述负面场景。毕竟产品带来的美好享受尚需要消费者去想象，而描述他们亲身经历过的一些负面场景可能更能引起其共鸣。

> **案例12**
>
> 每个人都有过出门忘带钥匙的经历，这可以说是每个人都遇到过的糟心事。基于此，360智能管家在其安全门锁的产品海报中就营造多幅"忘带钥匙"的场景，如图7-11所示。该系列文案就通过描绘"忘带钥匙"带来的尴尬场景，让用户产生代入感，意识到能用指纹开门的便利。
>
>
>
> 图7-11　360智能管家场景式文案
>
> 海报通过一组充满细节的人物设定（年轻插画师、CEO、退休老人等），让不同年龄、职业的用户群体都能从中找到共鸣，凸显360安全门锁不同于传统门锁，"钥匙就是你自己"的优势。

文案所要做的工作，就是描绘好这两种场景中的一种，让用户产生"代入感"，从而引发购买行为。

这就是业界常说的场景化文案。场景化文案的目的就是通过营造产品使用场景，让消费者对产品有进一步的认识。只要消费者身处特定的场景，脑海里能想到产品。比如，怕上火就喝王老吉，它的使用场景就是去火，当你上火的时候，想到的就可能不是祛热药，而是王老吉。

一个场景，就会对应一类产品。而产品的场景化，就相当于给产品一个分类，它的好处是能让消费者快速在万千商品中找到对应的产品，就像图书馆的图书编码一样。生活中无限个场景，产品只需找到一个属于自己的场景。越来越多的品牌，在文案中给产品营造特定的场景，如表7-2所列。

表7-2　市场上常见的部分品牌与场景的对应关系

品牌	场景
王老吉	降火
东鹏特饮	熬夜加班
六个核桃	用脑时刻
努比亚	拍星星

7.5.2　如何写出具有代入感的文案

场景的重要性众所周知，它能让文案更有画面感，给消费者很强的代入感。但如何写出具有代入感的场景，对于很多文案人员来讲却是一大难题。

（1）用"情景记忆"的方式营造场景

对于带有情景的文案而言，更容易引起用户共鸣，打通和用户之间的交流障碍。那么，如何营造"情景"呢？那些能让人印象深刻的"情景记忆"，往往和一个具体的场景相关，比如第一次听演唱会、学会骑自行车的瞬间等。我们常说文案需要唤起场景，其实目的就是迅速引起共鸣，并且提升用户对文案记忆的持久度。

案例13

知乎在地铁投放的一组广告，就是采用了典型的场景化文案，其中一个文案是"又吵架了，因为把她拍丑了"，如图7-12所示。部分苦于不会拍照的男性朋友看到这样的话，难免眉头一皱心头一紧，回想起一些发生在自己身上的类似情景。

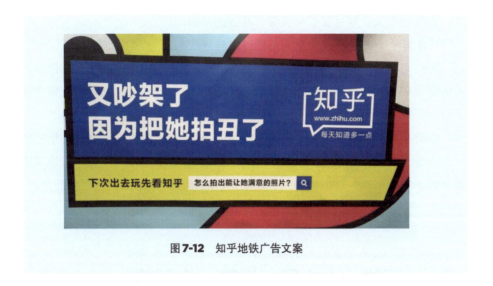

图7-12 知乎地铁广告文案

产品文案的背后如果拥有场景支撑,更易引发共鸣,而当用户下一次经历相似的场景时,也更容易记起产品。

(2)注重细节描写

优秀的文案会让消费者回味无穷。而有的文案为什么消费者看完就忘,甚至无法给人留下什么印象,产生购买欲,原因就是文案太粗糙,缺乏细节描写。

《百年孤独》作者马尔克斯有一个写作诀窍:当你说有一群大象飞在空中时,人们不会相信你的,但你说有425头大象在天上飞,人们也许就会相信。也就是说,细节决定着你的文案是否具有"情景感",细节越丰富,消费者就越能在脑海中勾勒出清晰的情景,也就越容易产生代入感。

我们来看下面一组文案。

A:自由心出发,告别早高峰。

B:别说你爬过的山,只有早高峰。

A、B同样都可以作为汽车文案,但显然后者更有吸引力,理由就是后者刻画出了一个"爬"的细节,能给消费者更多的回味和思考空间,从而加深品牌认知。

(3)抓住目标消费者的小情绪

有场景的文案往往能抓住目标消费者的小情绪,可通过一件小事,去表现宏观的主题。因此,优秀的文案人员在营造文案场景时,善于从平凡中创造不凡，表现一些大众容易忽略却又深有感触的情绪敏感点。

日本有一则关于酒的文案，翻译过来是：在东京失恋了，幸好，酒很烈。

这则文案通过描绘细微敏感的失恋心情，让人产生丰富的联想和回味。当消费者看到这则文案时，注意力就不仅仅在文案本身塑造的场景中，而会在一个更大更宏观的背景下去品味。

这类文案的写法通常都体现在"以小见大"上，把人物、事件的描写放在一个大背景、大框架去展开，找准宏观视角下的微观情绪。因此，营造文案场景要善于从抓小事件、小情绪入手，让文案故事显得更丰满、更有感染力。

7.6 深耕一个主题，设置一个情节

7.6.1 深耕细分领域，挖掘主题

文案都有自己的主题，或叫主旨。所谓的主题、主旨就是该篇文案所要表达的思想、观点和中心意思。

主题是贯穿全文的主线，从上述文案可以看出，写文案首先必须确定一个细分主题，然后再围绕这个细分主题填充内容。一篇好文案首先就要有明确的主题，让人们深入地阅读文案。文案撰写的目的之一就是促进产品销售，因此，很多文案人员就围绕促销这个主题进行深度挖掘，写出各种各样的促销文案。

> **案例14**
>
> 艺龙旅行网在2016年中秋节小长假，利用微信软文宣传了酒店特价活动，标题为《福利，9元！9元！9元！酒店限时特价今天起》，内容也紧紧围绕特价房而展开，这便是一篇以促销为主的软文。

文案的目的是增加产品的曝光，增进用户对产品的理解和关注。文案主题越明确，越容易切中用户最本质、最深切的需求，越容易贴合用户的情感，越

能让用户产生对产品的需求。

比如：对于年轻人来说，文案主题可以选择"要过有品质的生活""不要活得一成不变""要做最美的自己"；对于老一辈的父母来说，可以选择"要多陪伴孩子""要给孩子最好的生活"。这些主题是用户的痛点需求，也是人比较本质的需求，文案采用这些主题很容易触动用户。

当然，这只是个大方向性的主题，如果想要进一步打动用户，还需要在大主题框架下进一步挖掘细分主题。有些文案即使有了一定的主题，也很难让用户选择其宣传的产品，原因在于能满足人性本质需求的产品太多了。因此，文案必须明确主题，切中用户最本质、最深切的需求，"迫使"消费者做出选择。也就是说，主题不能泛泛而谈，必须瞄准细分领域，垂直深耕。

案例15

比如，一款满足人们"出行方便快捷"服务的产品，如果只强调"方便快捷"是不够的，因为，在同类竞品中，绝大部分产品文案可能都在强调能满足人们"出行方便快捷"这类需求。

在夜深人静的场景下，女性用户一般会选择主打"安全专车"的神舟专车，放弃便宜的滴滴；

在骑较远路线的场景下，用户一般会选择主打"骑行更轻松"的ofo，放弃摩拜。

这就是细分领域的原因，对于骑行路线较远的人来说，首要需求是轻松，出力少；对于女性来说，更看重安全性。

也就是说，文案要有足够的筹码击中用户的痛点，可以通过瞄准细分领域，切中该领域用户最本质的需求促使用户放弃竞品而选择自己的产品。

因此，确定文案主题就成了文案人员写出好文案的主要前提，那么，如何寻找并确定文案主题呢？主要有以下方法。

（1）围绕产品或活动主旨进行提炼

任何一则文案，一定是为某个产品或活动服务的，比如宣传新品、进行促销等。换句话说，写文案，不能脱离其背后的产品，或活动支撑。因此，围绕产品或活动对主题进行提炼，就成为文案人员确定主题最主要方法之一，也是最直接、最简单的方法。

案例16

比如，在华为nova新品上市之前，就有文案直接对其性能进行介绍，如图7-13所示。

图7-13 华为nova新品广告文案

从图中不难看出，介绍新品是本文案的主题。

（2）根据产品或活动主旨进行延伸

根据产品或活动主旨进行延伸是指，文案不直接写某个产品如何卖，有多少折扣，促销活动是个什么流程等，而是以这些信息为基础，进行再延伸。比如，为某个化妆品品牌撰写文案，主题不是围绕该品牌功能、优势、售价等，而是与之相关的内容。

案例17

茵曼是一个女装品牌，该品牌上线后口碑非常好，然而，其很多文案都不直接卖服装，而是写配套服务、相关知识，以及一些与产品有关的东西，如服饰的搭配技巧等。这反而吸引了一大批忠诚的粉丝。

图7-14是茵曼发布的一个与羽绒服有关的文案《搭配，原来羽绒服也能如此时尚》。

图7-14　茵曼女装品牌文案

（3）借助竞争对手的文案

知己知彼，百战不殆。善于吸取对手的优点，也是一大能力，竞争对手如果做了一个不错的文案，文案人员不妨向对方学习，但是切记不要依葫芦画瓢，什么都照搬，应吸收对方的优点，体现自身产品的亮点和特色。

案例18

每年"6·18"电商节期间,各大电商的文案如出一辙,都是围绕促销做文章。2013年,几大电商平台的"6·18"文案出奇一致,不再有多种商品的堆积设计图,不再有明确的降价促销折扣,而是统一采用"别字体",如:

京东——别闹;

苏宁易购——别慌;

易迅——别吹;

国美——都别装;

1号店——都别信。

(4)翻开自己曾经写过的文案

很多人文案写完就丢了,这不是一个很好的习惯。工作久了,文案人员经手的文案已经非常多了,可以把主题罗列到一起,并分类进行整理,这样就能一目了然地看到自己到底做过哪些类型的文案,如果有些领域没有涉及过,不妨尝试一下新的主题类型。

(5)多关注网上优秀的文章

移动互联网时代,有很多优质的自媒体平台,比如头条号、抖音、微信公众号等。在这些平台上经常有很多非常有创意、视角独特、观点新颖的文章,平时多关注一些,阅读的时候遇到有感觉的,可以直接收藏。这些文章可以帮助文案人员有效地打开写作思路,找到灵感,当找不到主题的时候可以翻开收藏的文章看看,也许就可以想到不错的点子。

7.6.2 围绕主线精心设定情节

有人认为,文案是没有情节的,这是一个错误的认识。尽管文案情节不可能像小说那样跌宕起伏,但也不能平淡无奇,宛如流水账。要想文案具有一定情节,其实是可以做到的,这属于一种比较精细的文案写作手法,其中技巧有很多,因人而异。但有些基础性的方法是需要必须知道的。

（1）设定一个人物形象

设定一个人物形象，可以通过生活中的原型来找灵感，比如一个身份，父亲母亲、儿女等；比如一个职业，画家、老师、农民等；比如一个行业，教育、医疗、科技等；……

在找到特定人物形象之后，再加入跌宕的情节，或用环境衬托，又或是采用细节描写，让人物形象丰富起来。以母亲为例，我们先来看看中兴手机是如何做的。

案例19

中兴手机曾借助"母亲"这一形象，在母亲节，做了节日广告文案，具体如图7-15所示。

图7-15　中兴手机母亲节广告文案

这是一则借势文案，首先选定了一个明确的人物形象：母亲。同时文案把"慈母手中线，游子身上衣"里面的感情诠释得非常到位，完美地与产品进行了创意融合。

这样做有一个好处：设定好人物形象或符号后，无论之后文案采用何种描述方式，读者都能对文案想要表达的内容有个基本感知。当然，针对具体产品，选择的人物形象或符号肯定要有一定针对性。

（2）善于运用优秀的古诗词

要想为文案设定一个情节，借助我国优秀的古诗词再好不过了。有人说，每一个文案都揣着诗人的情怀；也有人说，每一个诗人都是文案高手。诗歌与文案，看似互不相干的两个领域，却有着许多的共通之处。从表达形式来看，诗歌叙事抒情，写尽人间悲欢离合，就像文案的创作离不开人、情、生活、理想……；从创作技巧来看，它们同样讲究意境、遣词造句、节奏韵律、修饰文辞。

比如，唐诗宋词里面很多脍炙人口的句子，本身就算一个好文案。诗词虽然字数有限，但其内涵却十分丰富，营造出的情节或感人肺腑，或令人深思。因此，有些文案直接使用诗歌原句。例如：某植物养料就直接引用了清朝大诗人龚自珍《己亥杂诗》中的诗句"落红不是无情物，化作春泥更护花"；某视频通话App引用了《凤求凰·琴歌》中的诗句"有美人兮，见之不忘，一日不见兮，思之如狂"。

另外，还可以套用已有诗歌的语感、用词、意境、韵律等，进行二次创作，同时与产品、品牌相结合。一个叫"浩淳"的红酒商贸公司创意广告有"浩歌千古义，淳演一天香"这样一句文案。此文案构思非常绝妙，上联从品德的维度，下联从技艺（酒之品质）的维度，短短十字覆全两维，非常有张力，颇得客户喜欢。

不过，由于诗歌要求创作者对文字有极强的驾驭能力，因此，在创作之前，文案人员需要细细揣摩。

7.6.3　将抽象概念与具体事物结合

在文案撰写过程中，会涉及很多抽象的内容，为了便于消费者理解就需要对这些抽象的内容具体化。因此，优秀的文案都有具体化的特征，在展开讲文案具体化特征时,先来看一组广告文案。

案例20

"持久"是一个很抽象的概念,每个人对持久的理解都不同,对于有些事来讲一个小时就算很久了,而对于另外一些事情来讲,一年也许还很短暂。但如果文案能用具体化的描述对"持久"进行解释,那么消费者理解起来就会很容易些。南孚电池蓄电能力十分强,商家在文案中展现这一优势时,就采用了抽象内容具象化的写法,具体如图7-16所示。

什么时候攒够钱娶我? 很快,一节南孚的时间	我的跑车换上两节南孚 续航堪比特斯拉
遥控器里的南孚还没换 我却换了三个陪我看电视的人	每天收听"午夜悄悄话" 一对南孚没用完

图7-16 南孚电视广告文案

看完南孚的广告文案,我们的脑海中第一印象就是"南孚电池使用时间真的很持久"。南孚通过展现产品使用场景、使用具象化文案,使消费者充分了解产品的功能特色——"依然聚能环,依然很持久"。

消费者有时看完文案仍不明就里,表面上看是消费者的原因,其实原因在文案人员这儿,是文案中的文字、图片无法向对方有效准确地传递产品信息,从而使产品在对方脑海中留不下深刻的印象。

所以,写文案必须具象化。具象化文案,是指将抽象概念、理念与具体产品、使用场景进行结合,让用户通过熟悉和了解概念、理念,从而对产品特色功能或理念有一个清晰、准确理解的文案。

具象化文案是掷地有声的,在创作过程中,可以结合场景化文案的三个步骤归纳:

(1)寻找产品的主要特色功能和主要理念

具象化,具象化文案最终的目的,是让用户明白你在传达什么,通过你的描述理解你的抽象概念,这才是具象化文案的力量。因此找到产品的主要特色功能，清楚主要理念，将抽象概念梳理再具象化。

（2）联想相关场景

具象化和场景化很相似，一个将抽象概念具体化，一个给用户营造使用场景，而具象化也可理解为产品的使用场景和途径。因此同"场景化文案"的方法，联想产品可能出现的场景，通过"穷举法"，列出可能出现的所有场景，并梳理出最容易产生联想的，和次容易产生联想的，摸索其中的关联，进而奠定文案描述的环境基础。

（3）学会洞察，挖掘目标用户的痛点

能解决问题的产品才是好产品，能说明如何解决问题的文案才是有效的好文案。做文案要学会的还有洞察，洞察用户的行为规律等，从而挖掘用户的痛点和需求，当文案从痛点和需求的角度出发，会轻松让目标用户"愿者上钩"。如南孚的系列海报里，用户需要有持久力的电池，而南孚从多个使用场景，为用户解决了这个问题，文案的对比加强了用户对南孚电池使用持久概念的认同。

其实无论是"场景化文案"还是"具象化文案"，能够感染用户的文案才是好文案。任何一次文案创作，我们都要能洞察到用户的痛点和需求，从而用文字来包装产品为用户解决痛点和需求。文字不只是广告宣传的一种形式，它也应该成为广告影响力的得力助手，帮助用户去了解产品、理解产品理念甚至让用户有代入感。

7.7 文案正文的写作与营销技巧

7.7.1 植入产品信息

作为文案，无论什么内容，都应该以推广产品和服务为主。这就关系到植入品牌的问题。随着微信公众号、官方微博、官方网站的兴起，企业在这些平台投放的文案，自然是针对该企业产品的信息。但如果企业是投放在其他的论坛、社区等地方，那么如果不能在正文中植入产品，很可能会得不偿失，而且植入产品也是文案内容的一个重要部分，是文案中不可或缺的一部分。

在文案中植入产品信息，从植入信息的类型来看，主要有两种方式。第一种是硬植入，比如可以用报道、专访、访谈、评论等形式直接切入所要推广的产品或者服务，对这些产品进行描述，不需要隐藏，直截了当，清晰明了。第二种方式是软植入，用些比较"软"的话间接植入。产品信息要巧妙融入，但是想要融入得不露声色也很难，但是只要从整体上不影响读者的阅读效果，大多数的消费者还是能够接受的。植入的广告不能太硬，要柔和一些更容易被消费者认可和接纳。

从植入信息的内容来看，又可分为关键词植入、话题植入、链接植入3种方式。

（1）关键词植入

第一，将产品信息用举例子的方式展现。如"例如在宜家家居，所有的家具都可以轻便组装携带……"可以适当展开几十字甚至更多。这种植入内容往往适用于一些平面媒体文案，或者单纯的软文中。

第二，借用名人、专家、网站、组织、机构等第三方身份。尤其是借用名人的话语时，一定要真实，而且这样的植入也比较有权威性，借助名人效应可以让产品推广更快速、更有效。但是这样的文字不要太冗长，要简练才能体现出权威。

第三，以标题关键词的方式植入。这样的方式多用于网络门户软文。在内容中将植入的关键词拟人化是非常理想的效果。如"欧莱雅认为，如果不注重皮肤的油性……"这样的植入方式尽管没有太多关于产品的内容，但却因为关键词涉及了企业的名称、产品，所以就能潜移默化地提高消费者对品牌的认知，这对让消费者接受企业的产品也有很大帮助。

案例21

豆瓣上曾经有名为《家具都能变装了，旧家具无需再丢弃了》的家居文案，如图7-17所示，这篇文案吸引了很多人关注。

文案一开始用当前人们担心的儿童房设计问题引出，极端化之后，给消费者带去了让儿童房可以更加时尚潮流的办法，那就是品牌"创想家"。在接下来的文案中,文案操作者就将"创想家"拟人化并将其作为关键词,使其在全篇文案中成为主角,吸引着人们阅读。

图7-17　豆瓣家居文案

第四,用故事的方式揭开产品。文案可以一开始就围绕植入的广告进行,一切都以这个需要植入的广告为线索来展开。这种植入的方式,很容易让消费者意识到自己阅读的是一篇广告文案,但是只要故事够吸引人、有新意,那么消费者还是愿意去读的。

(2)话题植入

这种植入方式在直播短视频文案中比较常见。例如,某女装品牌在抖音上是这样植入的:通过营造不同的场景展示服饰,然后再发起话题活动,诸如"#闺蜜""#穿搭""#陪你过冬天"等,整个话题要围绕"闺蜜"展开,以吸引粉丝参与,并在参与过程中打开话题。

(3)链接植入

在文案中,除了以产品信息、名称的方式植入之外,还应该给消费者一个更明确的购买链接。这也是自从网络购物以来,文案一个主要的植入方式。绝大多数企业都有自己的官方网站、微信公众号、微博,甚至自媒体平台。通常会在这些文案中植入一些打开/购买链接,让消费者直接购买产品。

这种方式较复杂,有时候需要先在文案中设置超链接,并且要消费者点击。只要消费者点击了链接,就可直接进入店铺购买。这种方式需要与店铺相关联,多用于商家官方网站、微商城中。

7.7.2　说真话,讲真事

文案能不能吸引人们阅读,有一个很关键的因素就是真实性。相信很多人一定读过不少文案，这些文案从第一句话开始就充满"欺骗"，人们第一眼就很容易看出文案的不真实，甚至还能看出企业为了体现真实性而刻意"装扮"。这些没有真实性的文案，自然就没有说服力可言。

实际上，能让用户感受到有说服力的文案，一般都具有一个共同特点——文案真实，这才能让人愿意读下去。那么如何才能让文案的内容显得有真实性呢？

每个人都有一颗现实并且真实的心，自然就会对那些真实的东西更感兴趣，真实的东西也更能深入人心。因此，在文案的内容中，需要加入真实故事，才能让文案更具说服力。

例如一些企业可以将老板的创业故事写成一篇软文，也可以将员工的日常生活和情感等融入软文中。这样的文案关系到人们日常生活，与消费者息息相关，并且有能引发情感共鸣的内容，就能在很大程度上增强文案的说服力。

案例22

豆瓣网上曾经有一个关于学习西班牙语的软文，影响了众多爱好西班牙语的人，还引起了新东方等教育机构的关注。这个软文之所以能够火起来，豆瓣网友之所以愿意阅读，是因为这个软文的真实性较高。因为作者是根据自己的真实故事而写的。

"我是一个皇家马德里女球迷，迷恋劳尔，是可以为皇马凌晨熬夜看球的真球迷。我有一个梦想，就是去马德里伯纳乌球场看皇马的比赛。我高中就曾经给劳尔写过信，但是那时候不会西班牙语，所以就用英文写了一封信给他，告诉他，他影响了我的生活，我的一切……"

毫无疑问，一开始的几段话，就能够深深吸引消费者去阅读，因为这是那么贴近生活，那么真实，让人沉迷其中。

这篇软文由于其真实性，并且还具有一定的宣传力，因此被豆瓣的很多网友纷纷转发到各种平台，很多喜欢西班牙语的人甚至因为这篇软文励志学习西班牙语。而这个作者也因为这篇软文得到了更多的关注度，并且在大学毕业之后，借助软文带来的名气开了公司，专门销售关于学习西班牙语的工具、影视材料等。可见，充满真实性的文案所带来的效果和宣传力是如此大。

7.7.3 多使用证据辅助说明

一个具有说服力的文案内容，首先就要有有力的"证据"，俗话说"事实胜于雄辩"，只有用事实来说话才能更具有说服力。

所以在文案中，加入事实就会更有说服力。

比如，当需要表达一个店铺的古老，试比较一下下面两种说法。

A：店铺开张于18世纪，至今我们还能看到斑驳墙壁上的历史痕迹。

B：18世纪作家×××曾是本店的常客。

B文案无需具体描述各种历史感的细节特征，只用一个事件就能巧妙传达出同样的信息。人们总是喜欢听故事，而不是大段无聊冗长的产品描述，通过故事事件去传达品牌信息会更有效率。

再如，介绍一款面膜，那么在文案中如果只使用那些介绍这款面膜有哪些特点、如何使用、有什么功效的话语，恐怕既枯燥又无味。而如果用"我隔壁家的刘老师，他的妻子在使用了这款面膜之后，走在小区里，邻居们无不投来羡慕的眼光，有些邻居主动上前询问美容技巧……"，或是用"一开始我也怀疑这款面膜的功效，后来我闺蜜在朋友圈中发来了使用前和使用后的照片对比，我真的折服了……"，这种举例说明更有说服力。

当然，还可以在文案中运用其他事实做举例说明。比如，这个商品曾得什么奖，源自哪个知名品牌，是目前哪个通路的销售冠军，是哪个网站网友口碑最佳的商品，哪个当红名人代言这个商品等。这样的话，权威和说服力会更强一些。

7.7.4 时刻体现目标用户的利益

当人们喜欢浏览某个大咖的微博，或某个知名论坛，以及形形色色微信朋友圈、公众号时，一定是被上面的文字所吸引，认为对方写的就是其需要的，是有利、有用、有价值的。

同样，如果一篇电商软文可以持续为读者提供有利、有用、有价值的信息，那么，自然就会倍受欢迎。任何一篇高质量的电商软文都不是随便写出来的，都是经过了严谨的构思与策划。

在读者看来，只有能从中获得某种利益才肯去阅读及关注。尽管软文中不提倡直接向读者推销产品、卖东西，但起码要让读者通过阅读认识到产品的价值，能带来的利益。

如一些理财公司的软文，即使只是提供一些省钱的建议，也会有很多读者禁不住点击、查看，甚至转载、收藏。

因此，软文的撰写必须本着"利益当先"的原则，瞄准读者的利益，把写作的重心放在读者最关切的问题上，时刻为读者着想，处处站在读者的立场上看待问题。

案例23

美丽说在其公众号上有一篇软文，是介绍某款玫瑰水产品的，就采用了直述实际利益的写法，如图7-18所示。文案介绍这款产品："能补水保湿，更新活化细胞，修复肌肤，建立肌肤自然完美平衡，直接渗透到肌肤深层，打开肌肤毛孔，也为导入接下来的护肤产品做好准备。"

图 **7-18**　美丽说创意软文

在以"利益当先"为原则的指导下，在撰写软文时就应该明确一点，一定要让读者通过阅读这篇文章获得明确的利益，且越具体越好。如果只是个笼统的说明，很难打动读者。

比如你是一位房屋租赁中介，客户群主要集中在年轻白领。在软文描写时该如何表达，如何来体现优势？也许大部分人会写："我们这片小区本身就是以年轻人为主，而且生活方便，出行便利，很多人都喜欢这儿。"

其实，这样的表达就不是很具体。如果能换一种具体的说法也许会更容易让租客感受到好处，比如这样写："×××小区环境优雅，80%以上是年轻人；内有×个菜市场，×家超市等，免去你出远门购物的烦恼；门口有×趟公交车，还临近×号地铁，交通十分方便。"这就将利益具体化了，解决了大多数租房人最关心的问题，即住在这里我可享受到哪些"利益"。

确实，许多软文通篇是介绍，而不是给解决问题，给出的都是笼统的各种好处，而无法让受众明确到底有哪些实际利益。作为文案写作者，必须明白"好处"与"实际利益"是两码事，"实际利益"才是大多数人真正关心的。

7.7.5 多注入些情感元素

在文案中，多注入情感元素往往能够取得非常好的效果，既能迎合消费者的阅读习惯，又能很好地引发共鸣，激发消费。例如，在谈到钻石时，很多人会想到爱情，因此，在写此类文案时就可以从爱情这个角度入手，将爱恋与钻石结合，如图7-19所示。

在撰写文案时要尽量多打情感牌，多写些符合消费者情感需求的文字。

一个文案假如只是纯粹地写产品介绍，就会显得过于单薄，如果加入了情感元素，就很容易触动消

图7-19 带有情感元素的文案

费者，促使消费者产生消费冲动。文案事实上是间接地激发消费者的消费冲动，然后"润物细无声"地将产品、服务传达给消费者，使其得到满足，而情感可以很好地起到这一作用。

世界上最动人的三个字是"我爱你"。优秀的文案人员要深谙这个道理，要打动消费者，就以爱为出发点策划文案，如：

爱她，就请她吃哈根达斯。（哈根达斯冰激凌）

情话都是学来的，但爱你是真的。（杜蕾斯"520"文案）

我做事三分钟热度，却也爱你那么久。（珍爱网"520"文案）

每个惊喜背后，都是开不了口的我爱你。（唯品会文案《开不了口》）

这一切，最终都是为了引导消费者购买产品。

这些文案只字没提价格、优惠活动等，就是瞄准一个字"爱"，营造一定的场景，然后演绎出不同的情感，从内心深处抓住了消费者需求，让用户对产品产生一定的情感基础。

情感类文案需要感悟生活，用心去写。情感源于生活，发自一个人的内心，要做出好的情感广告，首先善于"悟"，研究目标消费者的心理，尤其是情感需求，然后将产品或品牌与情感联系起来。广告要符合目标消费者的生活和情感，那样才能引起共鸣。

7.7.6 善于制造新需求

优秀的、经验丰富的营销人员也许都有这样的经历，当向客户推销时，对方都会以"不需要""我买过""我用过"等理由直接拒绝。其实，真实的情况并不是这样，对于大部分人来说"不需要"只是个美丽的谎言。退一步讲，即使所言属实，客户暂时的确没有刚性需求，那么，其或多或少有些其他的潜在需求。

任何人都有需求，无论是刚性需求还是潜在需求都是展开推销的基础。撰写软文必须以激发读者需求为出发点，如果明确知道读者存有某种需求，软文一定要直接针对其需求展开。如果不确定对方有没有需求，那么就要善于激发需求、制造需求。人的潜意识里都有很多尚未激发出来的需求，软文如果能够激发出这些潜在需求，那将会大大拓展营销范围。

案例24

创新智能水杯"55度杯"（55℃杯）打造了一篇经典的文案，这个文案一开始就通过抛出问题，制造消费者需求。

该软文的标题是《今天你送我一杯子，明天我暖你一辈子！》，从标题上看就是一个杯子，相信几乎没人有兴趣，但读过正文后很多人会改变想法，因为这篇软文不断刺激读者的潜在需求，如图7-20所示。

图7-20 "55度杯"文案截图

一个杯子本没有什么特别之处，但软文中给用户制造了很多特殊的卖点，"过冬神器""冲奶神器""高科技""摇一摇""调节温度"等这些词不断冲击着读者的内心。同时，通过提问让读者产生需求之心，这个问题由于正是很多人关心的，或者长期无法解决的问题，因此很容易激发其继续阅读的兴趣。这样的软文最容易触动读者，制造新需求。

制造需求，确实需要深厚的文字功底，读者能不能心动，全在于写作人员的文字功夫，撰写时需要一些写作技巧来辅助。

7.7.7 加入有争议的事件，引发讨论

每个人的观点和思想都不相同，所以很多东西便没有唯一的评判标准。如果能够写一篇具有较强争议的文章，那么一定会让正方和反方都产生热议。看的人一定会分成两派，而随着两方的不断点评和议论，这个文章也自然就能够成为热门文章。对文案也是如此，文案如果含有争议性的内容，那么在热度上不会低。

例如，一篇关于足球比赛的文案，写两球队到底谁强谁弱，这向来是大家讨论的话题；再或者是热门的两大球星，谁的球技、人品高也是各个球迷议论的重点。因此，每当出现这两个球队或者两个球星的文章，人们都会愿意点击阅读，而如果是赞扬其中一方的文章，则支持者一方的网友会主动转发。

从中也可以看出，在文案中加入一些有争议的事情，更能让文案内容饱满又立体，让更多人参与争论，并且使人们对产品产生某种深刻印象和认知。

> **案例25**
>
> 小狗电器是国内最早的吸尘器品牌生产商之一，其曾在微博上推送过一条有关产品的微博，并添加话题"怀孕该不该做家务"。这个话题引发了网友的很大争议，一部分人认为，怀孕期间做不做家务都是可以理解的；另一大部分人，尤其是孕期的女性认为应该什么都不干，安心养胎为重；还一部分人认为，久坐不动会增加生育难度，在不劳累的前提下可以做些家务，如做饭、收拾屋子、用吸尘器扫地等。
>
> 无论什么观点，读者在争论的同时，小狗电器的营销目的已经达到了，产品得到了曝光，知名度也有所提升。

7.7.8 注入社交元素,触发分享

衡量一则文案的好与坏,有两个硬性的标准。第一,是点击率,被点击得越多,说明文案越吸引人;第二个是转化率,一个好文案如果具有很高的价值,或者对消费者有某种意义,那么转发率一定会很高。

电商文案最直接的意义,就是提高点击率和转化率。所以,在文案的打造上,必须围绕提升这两个指标进行。在这里,介绍一种增大文案阅读量、提高传播率的方法,那就是加入一些社交性内容。

因为移动社交的发展,现在很多电商平台都开始转做社交电商,纵观目前的电商平台,都或多或少地与社交接轨,还有些平台直接打起社交电商的旗号。

电商在运营模式上正在一步步靠近社交,因此,在策划文案时也要迎合这一趋势,多注入社交元素。那么,如何在文案中注入社交元素呢?可以采用如图7-21所示的3种方法。

图7-21 在文案中注入社交元素的3个方法

(1)与粉丝进行情感交流

与客户粉丝进行情感交流很重要,可以得到与粉丝情感上的一种交流,让粉丝感觉到这个文案是有情感的,并不只是冰冷地进行营销、推广。例如,有些文案通过细节传递一些温暖、有意义的信息,会瞬间感染到粉丝。

(2)与粉丝分享幕后信息

大多数文案只写幕前的信息,这已经是最常见的产品营销方式,不过,并不是文案的每一句话都要只专注于产品,有时候可以爆料一些幕后信息,把粉

丝带到幕后，让其参与进来，并让其说说对品牌的哪个方面比较感兴趣。最好建立该方面的分享专区，这样更有利于粉丝与产品建立特殊的关系，更有利于粉丝深入地了解产品。同时，幕后信息更有话题性，便于粉丝之间传播。

那么，幕后信息常常包括哪些类型呢？具体如图7-22所示。

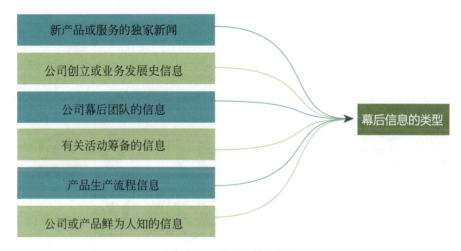

图7-22　幕后信息的类型

（3）与粉丝以对话的方式进行沟通

以对话的方式来与粉丝进行沟通，是增加文案社交性的一种最有效的方式。这样便于文案人员充分地思考粉丝需要什么，并以此为出发点，向他们展现其想要的内容。

文案文字虽然是静止的，但文案人员千万不能让读者感觉文案就像一潭死水。因此，在文案描述中建议添加互动性内容，这主要是为了增加文案价值，让粉丝主动点击产品的网站。

互动性的内容非常多，当然这也需要结合具体产品。例如，健身设备商家可以推送健身计划，厨房用品商家可以推送菜单，装修品牌可以发布关于装修计划等方面的内容。

第 8 章

电商外部推广文案结尾的写作技巧

一篇好文案既要有好开头，也要有完美的结尾。俗话说"编筐挝篓，重在收口"，好的结尾犹如咀嚼干果，品尝香茗，令人回味。但结尾是许多文案人员忽略掉的，不少文案就毁在了最后几句，很多文案开头都写得很棒，结尾却草草结束，真的是很可惜。

8.1 首尾呼应式结尾

首尾呼应结尾法在日常写作中是一种非常常用的技巧,即文章开头和结尾对应起来。比如,文章开头提出某个观点,那么在结尾时会再次解释、总结或强调。

这方法用在文案上,既可以让文案结构更完整,逻辑更严谨,主题更突出;同时也可以强化阅读体验,将读者注意力再次转移到主题上,加深对读者对文案的印象,唤起读者情感上的共鸣。

案例1

> 必胜客微信公众号在某次七夕节促销活动上,推送《七夕,不懂他的心,这台机器帮你一键翻译!》的软文,目的是推广两款节日套餐。
> 软文一开始是这样写的:"恋爱中你是否常常搞不懂对方在想什么?"中间内容大篇幅地介绍两款节日新品:比萨和团圆套餐。
> 结尾笔锋一转又回到开头描述的情景:"这个七夕来必胜客,搞懂她(他)的心,愉悦她(他)的胃吧!"

这篇文案以问题"搞不懂对方想什么"来开头,以回答"搞懂她(他)的心,愉悦她(他)的胃"来结尾,真正做到了首尾呼应,可以说是恰到好处。这样的开头和结尾能让读者感到文案结构紧凑,浑然一体,同时也给人以一气呵成的舒畅感。

在具体运用首尾呼应这种结尾方式时,还应注意些方法,常用的有4种,如图8-1所示。

图8-1 文案中首尾呼应式结尾的4种方法

（1）复现式呼应

复现式呼应指文章开头的抒情、议论、人物描写、场景设置、说明要点等，在结尾再重复一次，首尾相比，语句略有不同。这类呼应由于开头、结尾对同一内容反复强调，使文章的主旨更加突出，同时使文章的首尾结构具有一种循环之美。

（2）递进式呼应

递进式呼应指结尾在与文章开头的记叙、描写、议论、抒情相呼应的基础之上，表达出更深一层的含义，以此带动读者在认识和情感上的飞跃。这类呼应会给人留下回味的余地，同时深化文章主题。

（3）虚实式呼应

虚实式呼应指文章开头写实，结尾为了深化文章的中心或者为了突出文章的意境而进行虚化描述。这种虚实式的结尾经常用于记叙文，能给读者以意境之美，将文章的寓意推到更高层次，深化主题，升华意境。

（4）对举式呼应

对举式呼应是一种比较特殊的首尾呼应方法，主要用于那些以"引用"手法开头的文章，即开头引用一种素材，结尾也用一种素材，两段素材共同为文章的中心服务，并显示出文章的结构之美。

首尾呼应有一个小技巧，即应有意识地重复开头的词语或句子，以做到在形式上的一致，开头写什么，结尾也写什么，开头讲的内容，结尾也不要忘记再次提一下。

8.2 总结式结尾

总结是软文结尾运用最多的方式之一，通过前面的阐述和分析，在最后用极简洁的语言概括全文，对全文进行归纳总结，得出一个高度概括的、有代表性的结论。这样的结尾，有深化软文主题、提升软文质量的作用，同时也能帮助读者对全文有个全面的认识,使读者得到一个清晰明确的印象或点明题意。

案例2

某育儿服务机构,每周定期都会在自媒体平台上推送一组育儿知识。这些知识都是以软文的形式出现,既能为用户提供知识,也能很好地宣传自己所提供的服务。

其中有一篇软文《让孩子彻底爱上阅读的12种小游戏》是为推广某一本书做的,从题目中看,这篇软文是介绍孩子爱玩的12种游戏,正文也是这样写的,从游戏一,到游戏十二,采取平铺直叙的方法,一一介绍,结尾处的文字如图8-2所示。

图 8-2　某育儿服务机构总结式的结尾

结尾处采用的是归纳总结的方式，概括性地说明游戏能帮助孩子提高创新思维的能力。

归纳总结是写作最常用的一种结尾方法，也是最容易掌握的，但是这并不意味着这种方法就再简单不过了。因为这种总结的写法还包括很多细分方法，针对不同的文章特点，需要采用相适合的方法。

总结式的结尾细分起来，通常有如下5种方法，具体如图8-3所示。

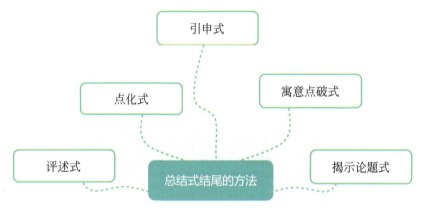

图8-3 总结式结尾的方法

（1）评述式

评述式是指在结尾处开始收拢笔势，对前文进行高度概述和明确点示，把软文内容凝聚到鲜明的主题上来，以显现作者作此文的目的，给读者以豁然开朗之感。这类结尾多运用于并列结构、总分总结构布局的文章。

（2）点化式

点化式是指在对所写人、事、物的深刻理解的基础上，运用极精练的语言，把它们的中心、精髓进行特定的总结和提示。这种总结是作者对全文认识的飞跃、升华，既与文中的写人叙事相互映衬，又可起到点题作用，从而极好地展现了全文的"灵魂"。

（3）引申式

引申式这种结尾不是对全文内容的评述、总结、概括或点示，而是宕开一笔，深化一层，将全文的内容引申到一个更加深刻的意义或意境中去。通常在这样的文章里大部分内容都是铺垫，就是为了结尾含义深刻的"一刹那"，都是为结尾"蓄势"。

(4) 寓意点破式

寓意点破式这类结尾方法通常用于寓言、历史等故事性软文，是一种形式独特、不可缺少的"卒章显志"。在一篇短短的寓言之后，可用寓言中的人物的语言进行点题，也可用作者的旁白进行点破。由于有了这种"点破"，寓言的主旨、意趣便赫然显现，寓言的"身体"便浮现出"灵魂"。

(5) 揭示论题式

揭示论题式这种总结方法一般用于议论性的软文中，即先"画龙"而后"点睛"：先提出问题，列举事例，充分展开，而又不亮观点，直至文章收笔，才会亮出论题，或者讲明论点，或者道出主旨。

8.3 悬念式结尾

一篇文章可以有悬念式标题、悬念式开头，同样也可以有悬念式结尾。一般来讲，这些悬念不会同时出现。如果软文在标题、开头处没有悬念，那么可以在结尾处巧妙设置一些，以给读者留有思考、回味的余地，使其意犹未尽。

经常看到这样的软文：开头并不怎么有吸引力，但是越往后看越感觉有味道，尤其是在结尾时更是下笔有力，让人不禁叫好。这就是因为作者把悬念都留在了结尾处，文章的高潮部分往往也在结尾处。

> **案例3**
>
> 某科技公司主打项目是高科技的研发和使用，其推出了一项与VR技术有关的软文《VR眼镜的11项神奇的用途你都知道了吗？》，这篇软文分别介绍了VR眼镜的11项用途，图文并茂，生动而详细，使读者瞬间对这项技术有了初步的了解。而在最后却笔锋一转，向所有人提了一个问题：大家希望VR还有啥用途？如图8-4所示。

图 8-4　某科技公司文案悬念式的结尾

该篇软文的结尾，短短的一句话，非常简单，却是个很大的悬念，让这篇文章显得更加意味深长，给人以巨大的想象空间。再加上先前对 VR 眼镜的充分介绍，大部分读者对 VR 正处于略知一点，但又不完全明白的了解程度，从而使有些读者久久无法从已知的情景中脱离出来，更加激发了进一步了解的欲望。

这种在结尾处留悬念的方式，是一个非常好的写作技巧。所以，对于在开头、正文主体没有明确提出一个观点的软文，即可在结尾处设置悬念，让读者去回味。

结尾处设置悬念的方法通常有设置问题、前后对比，或以意味深长的话来总结等。

（1）设置问题

在全文论述的基础上，提出一个开放性问题，这个问题必须是无法直接回答的，或没有确切答案的，使读者期待解决的心情逐渐增强。值得注意的是，在提出这个问题前，必须把其他的有关内容写充分，以便让读者的思考、想象不脱离实际。

（2）设置对比

设置对比即用前后对比的方法来设置悬念。辩证论告诉我们，任何事物都有正与反、肯定与否定两个方面，大众在日常生活中往往只承认其中一方面而忽视另一方面，如果文案人员能深入挖掘这"另一方面"，就会使读者感到悬念迭起，新颖别致。

这种方法往往需要在前文中先写大家已经认定、习以为常的东西，经过一部分的阐述和分析后，再提出与之相反的看法。

（3）以意味深长的话来总结

用意味深长的话来设置悬念，方法很多，无固定的方法，也无固定的模式。俗话说文无定法，具体如何写这些话，要因文而异，根据文章的内容而定，并注意遵循"意料之外，情理之中"的原则。

同时需要注意的是，采用这种悬念设置法应注意：开头悬念的设置要简明扼要，不能啰嗦，与悬念关系不大的内容不写，悬念的点要集中。

最后注意在结尾处设置悬念，要与标题、开头处的悬念设置区别开来，因为标题或开头处的悬念在文中很有可能已得到破解，只有结尾处的悬念才是永远没有确切答案的。这种结尾是为了激发读者想象、拓宽读者视野而设定的，答案具体是什么，全靠读者自己的去想、去悟。

从这个角度来看，结尾处的悬念才是真正的悬念，是不解之谜，因为它没有一个固定的、一致的答案。

因此，结尾处设置悬念可采取一些个性化的方式，比如在结尾处留有空白，让读者在阅读时，可以自由想象。读者可以在这种空白中回味整篇文章，从而对产品的介绍和内容有一个更深刻的印象。

8.4 号召式结尾

号召式结尾在电商文案中运用较多，多用于促销性软文中。这种结尾是指在前文铺垫的基础上，最后向读者提出请求，或者发出某种号召，促使他们参与、体验，或购买。发出号召的目的是为了突出主题，将软文所要表达的核心目的植入进去，这样既巧妙地插入了广告，还不会显得那么突兀。

案例4

"出门问问"曾在其公众号上发布了一则招聘信息，这则信息没有直接说招聘的事，而是采用软文的形式，先谈些与招聘无关的内容，最后在结尾处号召大家加入"出门问问"的大家庭，并列出了所要招聘的具体职位。

该软文标题是《出门问问：一封致毕业生的邀请信》，结尾处的文字如图8-5所示。

图8-5 "出门问问"文案号召式结尾

一个有号召力的结尾,可以让软文层次得到提升,其中的思想得到升华,同时由于再次强调了需求,也更能引起读者的需求共鸣,形成软文在读者之间主动转发和传播的良性循环。

8.5 成交式结尾

将一篇文案从头看到尾的人,基本上都是对产品感兴趣的人,只不过有的可能马上购买,有的还在犹豫,大多数人是后者。总结来说,这类人对产品感兴趣,但就差临门一脚。这时,文案的结尾就显得非常重要,是使还在观望的消费者做出购物决定的关键一步。

文案的结尾,就相当于与消费者最后的谈话,不论前面聊得如何,最后必须赶快把要补充的事情说完,并告诉对方下一步该做什么事。因此,对于文案的结尾,可以以促成成交的目的去写。

那么,具体应该如何去做呢?可以从如图8-6所示的3个写法入手。

图8-6 成交式结尾的写法

(1)真诚地与消费者谈谈心

大部分文案在开头和正文主体部分都是在谈产品,或者努力跟消费者产生情感上的连结。因此,在收尾阶段就不能继续这样做了,而是要真诚地与消费者谈谈心,目的是让产品有温度、有情感,让消费者感觉这个企业做产品很用心、很认真。文案人员要用名为"感情"的手,推动那些还在犹豫的消费者最后一把。

比如，撰写春节前最后一次促销的文案，可以这样结尾：

"带一组好过年，带两组有余年。今天下单，年前送到，让我们陪你一起过个好年。"

（2）拿出实际好处，诱惑消费者立马下单

唯有实际好处能促使消费者立马下单，但这些好处不能在开头就亮出来，因为一开始就拿出来的话，大多数人不会重视，也很难促使消费者看完整个文案。所以，如果有什么好处的话一定放在最后，这样才能够充分发挥作用。

比如，在促销文案的结尾可以这样写：

"现在下单，再赠送好礼三选一，活动只到春节前！"

"今天购买，我们再优惠100元，年前最后一档，只有今天！"

犹豫不决，无法下决定的消费者，通常都是为了价格。因为消费者对产品的基本情况、产品的优势通过文案前半部分已经有了较明确的了解，如果犹豫，往往是觉得太贵，折扣太低。基于此，文案只要再提出具体利益，让消费者知道现在购买很优惠，犹豫只会错过机会就足够了。文案人员可以拿出实际好处，促使那些犹豫的消费者下定决心购买产品。

（3）给消费者愿景，告诉消费者买之后会怎么样

很多消费者买商品不单单只是为了获得产品本身，还有一个主要的目的：解决遇到的问题和满足某种心理。愿景这部分放在开头也可以，但放在结尾更好，因为这时候最适合谈点关于企业或产品的未来，让消费者意识到自己买了产品后会怎样。比如：

"选择我们的品牌，让你今年业绩旺旺来。"

"买一组送妈妈，让妈妈感受你的孝心。"

"很多人费尽心思装潢了整个家，但却少了一个衬托您品味的挂画，画龙需点睛，用一幅画来表现您对家的用心。"

"点击购买，每天不到10块钱，换自己一个安心的未来。"

"现在拨打电话，得到过年后的学习成长计划。"

给消费者心动的理由，他才能感到购买的意义。

第9章

电商创意文案经典案例分析

理论源于实践，实践高于理论，学习再多的理论知识，也需要最终运用到实践中，因此，我们需要从那些成功的实例中总结经验、吸取经验。本章列举了4个不同类型的文案实例，目的就是更清晰地引导读者撰写出更好的文案。

9.1 商品详情页文案：手机淘宝上某服装店铺文案分析

服装在电商行业中是最热门，也是竞争最激烈门类之一。热门说明服装类市场潜力大，潜在消费群体多，很容易获得消费者的关注；竞争激烈则说明各个方面做不到位，就很难脱颖而出，店铺曝光度也会非常低。这两大特点决定了服装类店铺经营起来非常难。

这就是为什么服装类店铺在各大电商平台上尽管占很大的比例，但真正能霸占网站头版或核心板块的却非常少。这也是一些店铺在开店前呼声很高，而真正开业后却冷冷清清，很少人关注的原因。

而要想解决以上问题，设计一个独特的、新颖的，能令消费者耳目一新的详情页文案就显得非常重要。

下面以手机淘宝上某服装店铺为例，来分析做好详情页应掌握的实战方法、技巧和关键点。该店铺新上架了一批女士潮流风衣，详情页文案就围绕女士潮流风衣展开。

（1）重点展示商品的基本信息

任何服装都有其基本信息，而且信息量往往也比较大，比如面料、尺寸、颜色、款式等，如图9-1～图9-3所示。

图9-1　详情页上服饰商品信息板块

第9章 电商创意文案经典案例分析

图 9-2 详情页上服饰面料解析板块

图 9-3 详情页上服饰颜色展示

基本信息是消费者进一步了解该服装的唯一途径,也是消费者在做出购买决定之前重点看的内容。因此,该店铺在详情页中详细撰写这部分,一条一条地清晰、明白地写出来,并在设计上图文并茂,突出优点,突出重点。

(2)详细展现服装的局部和细节

对服装进行细节展示,目的是强化消费者选择的理由。一个消费者一旦对某件服装产生了兴趣,就会重点看这部分内容。这也说明在服装详情页中,细节描写非常重要,是决定消费者能否采取购买行动的关键因素之一,消费者买还是不买,就差这临门一脚。

因此,该店铺在详情页中,认真抓住服装的每个细微、典型之处,用图文的形式集中体现,如图9-4所示。

图9-4 详情页上服饰细节展示

(3)以实拍图的形式多角度展现服装

多角度展现服装,是让消费者在心目中对服装的全貌有个整体上的印象,这部分通常以实拍的形式展示,例如平铺展示、模特展示等,如图9-5、图9-6所示。

图9-5 详情页上服饰平铺展示

图9-6 详情页上服饰模特展示

（4）其他信息

对于服装类产品详情页，在最后需要添加其他信息，包括洗涤提示、价格说明、付款方式、运送方式等，如图9-7所示。

价格说明

- 划线价格
  商品的专柜价、吊牌价、正品零售价、厂商指导价或该商品的层级展示过的销售价等，**并非原价**，仅供参考。

- 未划线价格
  商品的**实时标价**，不因表述的差异改变性质。具体成交价格根据商品参加活动，或会员使用优惠券、积分等发生变化，最终以订单结算页价格为准。

- 商家详情页（含主图）以图片或文字形式标注的一口价、促销价、优惠价等价格可能是在使用优惠券、满减或特定优惠活动和时段等情形下的价格，具体请以结算页面的标价、优惠条件或活动规则为准。

- 此说明仅当出现价格比较时有效，具体请参见《淘宝价格发布规范》。若商家单独对划线价格进行说明的，以商家的表述为准。

图 9-7　详情页上服饰其他信息

9.2　微信文案：公众号上的小米手机文案分析

微信文案为商家提供了一个更快捷找到客户，和客户建立深度联系的渠道。因此，在写微信文案前要先做好文案定位，选择合适的文案撰写角度，掌握高超的写作方法，明确目标受众的群体需求和关注点，从而实现精准营销。

（1）选择合适的文案撰写角度

对于电商来说，文案的主要撰写方向是活动与产品的推广，可以从实用性与趣味性两个方面来进行文案的撰写。

1）实用性

文案的实用性可以从两个方面来考虑，一是与用户有什么关系；二是内容对用户有什么作用。根据用户的使用需求，从解决用户问题和满足用户需求的角度出发,加强对需求的描述,如提供信息服务、传授生活常识或向用户提供商品的促销信息或折扣凭证等。

2)趣味性

与日常社交一样,有趣的人比那些长相突出的人可能更受欢迎。长得漂亮和帅气可能招来嫉妒,但是有趣,足以让大家都喜欢。文案也是一样,有趣是被广泛传播的基本条件。人们乐于分享有趣的东西给自己的朋友或发朋友圈,因此要让文案有趣。

(2)掌握微信文案的写作方法

微信文案必须符合微信这个平台的特点,符合微信用户的阅读习惯。微信软文借助文字、图片、音频等媒介,通过微信平台的渠道进行传播,从而使消费者潜移默化地认同某种观点、看法和概念。其实,这是对消费者心理和行为的一种暗示、一种引导,目的是吸引消费者,让其对企业、品牌产生认同,最终产生消费、购买的行为。

因此,某种意义上讲微信软文就是企业的宣传工具,在树立企业、品牌影响力,提高销售等方面发挥着重要作用。由此可见,写软文首先要站在企业发展的战略高度,以宣传产品和服务为根本宗旨,在内容中植入品牌、产品等信息。

撰写软文时能否巧妙地植入品牌、产品信息极其重要,要做到既让读者感觉不到是在推销东西,又让读者乐于分享文章,以达到扩大宣传的目的。那么,如何做才能使内容与企业品牌、产品更好地糅合在一起呢?

因此,在写法上必须注意写作方法,尤其是标题,开头、结尾等几个关键地方。微信文案的成功推广要依靠用户的大量转发,这就要求文案要从标题到内容都能够对用户形成一种吸引力,让用户主动将文章转发到他的朋友圈,然后一传十,十传百,逐渐扩大文章的影响范围。

下面以微信公众号上小米一则新品宣传文案为例进行分析。为了更好地理解,我们将这篇文案分割开来,一步步地讲解。

小米为了宣传新品,在微信公众号上推出一则文案——《单反太贵?考虑下小米这款新品!》。

该文案是一个偏广告宣传型的,重在宣传产品:一款有拍摄优势的手机。这个文案有很多特别之处。

首先是标题,采用了对比式,通过与普通单反的对比,突出自身产品的优势。

其次是开头，从第三者的角度，开门见山，直接交代我是谁："大家好我是摄影师，经常有人问我，这么好看的照片咋拍的？"而且开头采用了反问句，立马使全文有了悬念。

再次是正文部分，采用"片段组合+步步诱导"式。从总体来看，先介绍拍摄技巧，然后再逐步回落到产品上来，最后提出购买要求。从局部来看，部分段落采用了片段组合式写法，如描写手机拍物、拍人等。

最后是结尾，结尾部分是总结性的，经过正文部分多个实例的列举，读者的购买欲望已经被勾起来了。"那些美如画的照片是用什么秘密武器拍摄的呢，就是全金属质感的红米Note4啊。"这句话正可谓点睛之笔，巧妙地引出了这篇软文的产品。同时，还辅以购买链接，这也是微信公众号软文最特色之处——附上原文阅读及二维码等，进一步引导消费者购买。

9.3 微博文案：淘宝小宜定制文案分析

随着微博的快速发展，不少电子商务平台开始寻求与微博的合作，如京东、天猫等电商平台，这也为平台上的商家提供了更多的宣传渠道，越来越多的商家开始通过微博宣传自己的店铺和产品，微博成为目前最流行的网络营销渠道之一。

小宜定制是淘宝上一家网红店铺，是以销售服装为主的店铺，其商品款式新颖，风格新潮，如图9-8所示。

文案人员要通过微博来进行产品宣传，具体做法如下。

（1）对账号信息进行设置

账号必须保证信息的真实性和一致性。真实性是为了保证粉丝对商家的信任；一致性是指账号信息尽量与店铺信息保持一致，这也便于微博粉丝了解店铺或产品。

小宜定制的微博账号为"yeswomen店铺微博"，其账号名称与淘宝店铺名称"YESWOMEN小宜定制"做到了基本一致，如图9-9所示。

第 9 章　电商创意文案经典案例分析

连体/裙装
Dress

西装/外套
Coat

T恤/卫衣
T-shirt

休闲裤装
Pants

图 9-8　小宜定制淘宝店铺商品样式

图 9-9　小宜定制淘宝名称和微博账号名称

（2）撰写的内容短小精悍

在诸多自媒体文案中，微博是少数对字数做出明确限制的平台，要求不超过140字。当今社会，生活节奏越来越快，很少有人能够耐心地品味大篇幅的文章，忙碌的生活使人们越来越倾向于快餐式阅读。这种快餐式阅读的特点就是使人们能够在短时间内获取信息，不需读者自己去分析和总结。

因此，小宜定制的微博文案都严格采用简洁明了的语言表达方式，避免大量文字的堆砌。图9-10是小宜定制为微博粉丝介绍某款新品所发布的文案。

图9-10　小宜定制简单明了的微博文案

该文案真正做到了短小精悍、言简意赅，让读者一看就产生购买的冲动。

同时，还要注意短文的内容要通俗易懂，即用浅显易懂的文字来进行表述，让读者快速接受文章的思想，达到引发读者思考、快速传播的目的。

（3）主题明确

微博文案既要求短小精悍，更注重内容的精准。不管是什么类型的文案，都要求有明确的主题，这需要文案人员在文案写作之初就做好定位，包括文案的读者群体、写作目的，以及文案的诱惑点。

如图9-11所示，这篇小宜定制文案主题就很明确，让读者很容易就能了解整篇文案的主要内容和主旨，即当晚18点有直播，直播内容为三个颜色的亚麻料西装。

图 9-11　小宜定制明确的文案主题

（4）快速传播

发布一篇成功的微博文案后，会在极短的时间内引起众多用户的共鸣，进而纷纷转载，从而达到快速传播的目的。

在微博文案中适当地添加以下两个要素，可以增加文案被用户查看的概率，扩大文案的传播范围。

第一个是"话题"，在文案中添加话题，可以让微博自动与话题连接，让微博被更多用户搜索到，这样可以提高微博被粉丝之外的人看到的概率。

第二个是"链接"，链接可以是文章、视频或店铺地址，只要是认为有用的可以分享给粉丝的内容都可以链接的形式放在文案中。如果文案本身的内容引起了用户的兴趣，大部分用户都会点击链接查看更多的信息。

如图9-12所示，是小宜定制文案中的话题和链接。

图 9-12　小宜定制文案中的话题和链接

9.4　论坛文案：淘宝上某水果店铺文案分析

论坛（或社区、贴吧）是一种网络交流平台，在该平台中通过文字、图片和视频等方式发布企业的产品或服务信息，可以让目标受众更加深刻地了解企业各方面的信息，达到宣传企业品牌、加深市场认知度、提升客户忠诚度的效果。

论坛推广对文案要求也非常高，要想让消费者快速了解产品，对产品产生购买兴趣，在文案的撰写上需要掌握很多技巧。那么，电商是如何策划并撰写论坛文案的呢？主要有以下几点。

（1）选择合适的论坛平台

不同的平台对帖子的要求不同，在撰写之前，首先需要选择一个论坛。在论坛中发布帖子，最好不要选择综合性过高的论坛，假如在一些综合性的论坛中发文案，很容易沉帖，一旦沉帖就要花费大量的时间和人力进行顶帖。

因此，在选择论坛时，最好找那些专业度高，与店铺调性相对一致的论坛，这些论坛往往每天都有新的用户加入，可以看到发布的帖子，而且帖子停留的时间也相对较长。

下面以某淘宝商铺推销的一种樱桃"蒙特莫伦西"为例，文案头图如图9-13所示。蒙特莫伦西樱桃是樱桃中的王者，不管是做成果干还是做酸樱桃汁都很好，因其含有丰富花青素以及抗氧化成分，所以又具有美颜安神的作用。

图 9-13　蒙特莫伦西樱桃文案头图

在诸多论坛中，淘宝论坛独树一帜，深受商家，尤其是淘宝商家青睐。作为最具人气的淘宝店铺推广社区论坛，以淘宝网为依托，向广大用户提供论坛资讯信息，力求给客户一个简洁舒适的快速阅读门户页面、交流板块。基于以上原因，该淘宝店铺选择在淘宝论坛发布这则文案，让更多的用户了解蒙特莫伦西樱桃，同时扩大该店铺的影响力。

对于淘宝商家来讲，选择淘宝论坛这样的一个平台可谓十分合适。

（2）选择合适的论坛板块

一个论坛往往有很多板块，在确定论坛平台后，就要选择板块。本例是一个典型的产品文案，目的是宣传店铺中的产品——蒙特莫伦西樱桃，同时也增加店铺的曝光度。因此，在选择板块上需要更精准。

在淘宝论坛上，有行业板块、热点板块、卖家经验、特色搜店等8大板块，如图9-14所示。该商家根据每个板块的内容特色以及产品特点，确定在"特色搜店"发布内容。

图9-14　淘宝论坛上的8个板块

（3）撰写推广文案

完成以上准备工作后，便可以开始进行论坛推广文案的写作。那么怎么才能写出吸引目标群体的推广文案呢？

推广的本质是互动，因此推广文案的内容一定要引起读者的兴趣，选择一个用户感兴趣的话题是最快吸引用户目光的方法。针对产品自身的特点，可以从以下方面来考虑如何选择话题。

1）吸引人的标题

论坛文案首先需要有一个吸引网友眼球的标题。标题的好坏直接决定着帖子是否能够被网友点击，但如果只是为了赚取点击量而使帖子内容与标题不符，用户将会拒绝参与互动。

帖子标题的写作要做到简洁化、形象化和关联化，即简洁干练地、语言清晰地、全面地诠释标题，再使其具有新颖性，这样自然能够吸引感兴趣的读者。

蒙特莫伦西樱桃的文案标题是"蒙特莫伦西——您的睡眠守护神"。

这个标题既巧妙地与产品进行了关联，语言上又通俗易懂，尤其是"守护神"一词的运用，生动形象。

2）提出人们关心的问题

睡眠不好，有很多人深受其扰，但是如何解决却又缺乏良策。因此，解决睡眠问题成为很多人的当务之急。

蒙特莫伦西樱桃文案就从人们最关心的"睡眠"问题入手，开头就提出了"睡眠问题刻不容缓"，并列出历年的调查数据进行论证，立即就能引起人们的阅读兴趣，具体如图9-15所示。

1. 睡眠问题刻不容缓
（1）睡眠问题——最新数据
1）根据世界卫生组织统计，全球睡眠障碍率达 27%。中国睡眠研究会 2016 年公布的睡眠调查结果显示，中国成年人失眠发生率高达 38.2%，超过 3 亿中国人有睡眠障碍，且这个数据仍在逐年攀升中。
2）从地域来看，北京年轻人睡得最少。《2018 中国互联网网民睡眠白皮书》显示，北京、上海、广州、深圳等一线城市压力大，北京的年轻人睡得最少，平均时长不到 7 小时。
3）从行业来看，金融业工作人员睡得最差。金融业、服务业、政府机构的工作人员睡眠质量最差。尤其是金融业，睡眠质量低于整体水平 67%。
4）从人群来看，中国睡眠研究会近期发布的《2019 中国青少年儿童睡眠指数白皮书》显示，中国 13 到 17 周岁青少年儿童睡眠不足 8 小时的占比达到 81.2%，研究人员从睡眠时长、睡眠障碍、醒后状态三个维度评估中国青少年儿童睡眠状况，平均分值只有 67.14 分。

　　中国睡眠研究会发布的一项调查显示，我国成年人失眠的发生率竟高达 38.2%，且随着人们生活节奏的加快和社会压力的增大，这一比例还在升高。

图 9-15　蒙特莫伦西樱桃文案的开头部分

3）互助分享，提出实质性的解决办法

在文案中经常分享一些资源、经验或帮助网友解决问题，不仅可以让网友产生共鸣，引起讨论与热捧，还可以获得他们的好感和信任。比如，针对睡眠难的问题，文案的正文主体部分大篇幅地阐述了如何解决睡眠问题，具体内容如图 9-16 所示。

医生建议可以通过以下方式提高睡眠质量：
1）降低精神压力，少加班！
2）注意改善睡眠环境：让睡眠环境更加舒适、安静、黑暗。
3）有睡眠障碍的人群要少喝茶和咖啡，晚饭不要吃太油腻，不要吃得过饱，晚餐适当多吃点碳水化合物，睡眠会更好。
4）每天运动一小时、晒太阳也有助于睡眠。
5）睡前一小时尽量不要再使用电子产品，可以选择听音乐、看书来替代刷手机。

图 9-16　蒙特莫伦西樱桃文案互助分享部分

4）植入娱乐信息，增加文章可读性

娱乐类信息是很多网友非常关注的，无论哪个论坛，娱乐板块的信息是最能快速聚焦目光的一类内容。具体写法上，可以是单独的娱乐性帖子，也可以是局部穿插娱乐信息的综合性帖子。

蒙特莫伦西樱桃就是属于后者，在介绍睡眠困难时，引用某影视剧中一个经典的桥段，并以漫画的形式来表现。这个桥段，以及漫画的出现，立马使这个专业性过强的文案读起来异常轻松，也迎合了一部分年轻人的心理。

5）点明主题，强调产品功能

点明主题，通常在文案的结尾提出，目的在于再次强化读者对产品的认知和印象，进一步加强其购买信心。蒙特莫伦西樱桃这篇文案就是在最后部分，重新强调了一遍产品功能，让读者对产品更有信心。

（4）发布文案

一个成功的文案包括很多方面，既包括发布前的文案策划和撰写，也包括发布后的管理，比如版面的美化、顶帖、回帖，以及与粉丝的互动。从这个角度看，蒙特莫伦西樱桃文案做得并不完美，虽然策划和撰写部分做得非常到位，但是在发布后的一些系列操作上有些欠缺，这也是这篇文案评论、点赞非常少的主要原因。

因此，一篇论坛文案在发布后，还需要做好以下3个方面的工作，如图9-17所示。

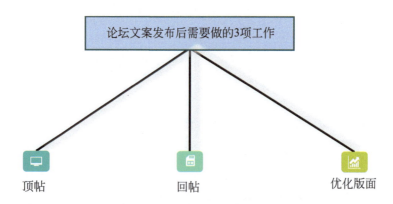

图 9-17 论坛文案发布后需要做的3项工作

1）顶帖

在论坛中发帖就必须要顶帖，之所以要顶帖，就是避免帖子一发布就被其他帖子淹没。论坛上每天会发很多帖子，如果帖子的浏览量小，马上就会被后来的帖子覆盖。因此，顶帖非常有必要，但一定要合法合理，不能违规操作。

2）回帖

回帖是针对主帖的回复，可以是对帖子内容的议论，发表自己对帖子反对、支持或同意等观点，也可以对其他网友的意见进行评论，表达自己的看法与观点。但回帖时要注意千万不能只使用简单的"谢谢""支持""不错"等千篇一律的客套话进行互动，这样会显得对帖子敷衍了事或纯粹为了经验而进行回复。

回帖时多使用一些人性化的、具有创意的词语，丰富帖子的语言，营造出热烈的讨论氛围，让帖子火起来。这样才能保证帖子的人气，使更多路人网友点进帖子参与互动。

切忌使用同一账号进行疯狂的发帖、回帖或回复相同的内容，这样不仅会造成其他网友的反感，还会使帖子变成水帖或直接被管理员删帖。适当地把握回帖的"度"，建议回帖时，最好每隔15分钟或每隔3～5个评论就进行回帖，将帖子上的人气提上来。

3）优化版面

对于论坛文案而言，还需要注意正文的排版，排版是否美观，是能否吸引读者的最直接因素。这就涉及到标点符号、字体大小和样式等的运用。

① 正确使用标点符号。标点符号在文中的作用不可忽略，合理使用标点符号可以让语句之间更为连贯，便于用户阅读。并且一定不要吝啬标点符号，该断句的地方一定要使用相应的标点，该使用引号的地方也一定要用引号，让用户知道它是特指的对象。千万不能出现一大篇全是文字却没有标点符号的情况。

② 选择合适的字体。每个网页都有自己的默认字体，不要随意将字体变小，这样会让用户阅读起来十分吃力；也不要设置得太大（除非字数很少），会让人在视觉上不舒服。行间距也要设置得疏密适中，要保证用户最佳的阅读体验。

另外不要设置太花哨的背景和字体颜色，一切要在保证文字容易识别、适于阅读的基础上进行，不能只追求绚丽的外观，而使文字被掩盖难以辨认。

③ 不能出现错别字。虽然论坛发帖不是特别严肃的创作，但在完成后还是要从头到尾检查一下，确保没有错别字、文字描述准确。